曾国藩家训

中华国学经典读本

足本·典藏

【清】曾国藩◎著

北方文艺出版社

图书在版编目（CIP）数据

曾国藩家训 /（清）曾国藩著 . -- 哈尔滨 ：北方文艺出版社，2013.9
ISBN 978-7-5317-3166-5

Ⅰ . ①曾… Ⅱ . ①曾… Ⅲ . ①曾国藩（1811~1872）—书信集②家庭道德—中国—清代 Ⅳ . ①K827=52 ② B823.1

中国版本图书馆 CIP 数据核字（2013）第 223471 号

曾国藩家训

作　　者 /（清）曾国藩
责任编辑 / 李玉鹏
封面设计 / 班　婕
出版发行 / 北方文艺出版社
地　　址 / 黑龙江现代文化艺术产业园 D 栋 526 室
网　　址 / http://www.bfwy.com
邮　　编 / 150080
电子信箱 / bfwy@bfwy.com
经　　销 / 新华书店
印　　刷 / 北京诚信伟业印刷有限公司
开　　本 / 787×1092　1/16
印　　张 / 12.5
字　　数 / 211 千
版　　次 / 2014 年 4 月第 1 版
印　　次 / 2016 年 7 月第 3 次印刷
定　　价 / 20.00 元
书　　号 / ISBN 978-7-5317-3166-5

前　言

《曾国藩家训》，清代名臣曾国藩撰写，李鸿章之兄李瀚章编辑，共二卷，刊于光绪已卯年，初刊本为传忠书局刻本。由于曾国藩死后谥文正，所以初刊本书名为《曾文正公家训》。

曾国藩是清末的“中兴”名臣，科举出身，在太平天国起事后，在清廷正规军节节败退之际，以一介儒生招募乡勇，克服重重困难，最终将太平天国镇压。在他的参与和带动下，清廷竟然回光返照，呈现出一派“中兴”气象，对中国近现代的历史产生了重大影响。在学术方面，曾国藩并无大的成就，影响较大的是他的《家训》和《家书》。

《家训》内收曾国藩自咸丰六年九月至同治六年五月的一百十六封书信（含遗嘱）。其中上卷凡五十一封，除一封谕次子纪鸿，两封谕纪泽、纪鸿共启外，余皆谕长子纪泽。下卷凡六十五封，少数是给纪鸿或欧阳夫人的，大部分仍谕纪泽。故被视为家庭教育著作，而与《家书》分别成卷。

《家训》内容涉及治家、修身、为学等方面，并灌输忠孝思想，他说：“君虽不仁，臣不可以不忠；父虽不慈，子不可以不孝；夫虽不贤，妻不可以不顺。”在治家上，他立了“书、蔬、鱼、猪、早、扫、考、宝”的八字家风。他极重家风教育，在对纪泽谈到自己的父亲时说：“吾父竹亭公之教人则专重孝字，其少则敬字，暮年爱亲，出于至诚。”他自己一直注意发扬祖上严绳子弟的家风，并且要纪泽“教导诸妹，敬听父训。”他还提倡勤俭，“历览有国有家之兴皆有克勤克俭所致。”要求二子居家当学陆梭山之法，每月用银若干两，限一成数，月底结算要有结余而不能亏欠，要求儿子“衙门奢侈之习，不能不彻底痛改。”这是有积极意义的。在修身上，他提出日课四条：第一，慎独则心安；第二，主敬则身强，第三，求仁则人悦；第四，习劳则神钦。要求二子各自勖勉，每夜以此四条相课，每月终以此四条相稽。认为必须克治“忮心”和“求心”，要求心地干净，在《家训》中附《忮求诗》二首，以去忮求之心，提倡仁恕之道。在同治九年六月初四《遗嘱》中说：

“我身殁之后，尔辈事两叔如父，事叔母如母，视堂兄弟如手足，凡事皆以省啬，独特诸叔之家，则处处从厚。”在读书方面，他提出义理、考据、辞章之学均须涉猎。读书目的不是为大官，而是学做圣贤。义理之学，其主要内容是学“礼”。而辞章是载道之具，考据是明礼之具，他劝勉二子于此二者下工夫，他对纪泽说：“尔看书若能通训诂，则于古人之故训大义，引伸假借，渐渐开悟，而后人承讹习误之习可改；若能通辞章，则于古人之硬腔滑调之习可改。”当然他主张不可滥读，读书要选择，“韩退之为千古大儒，自述所服膺之书不过数种；柳宗元自述其所得亦不过十数余种。”他十分推崇朱熹的读书法，以“虚心涵泳，切己体察”勉励二子。

曾国藩论及家庭教育的思想常与其政治思想相通，家道之兴衰亦可反映国家之兴衰。在家教上，崇尚礼治，崇尚人治，也在政治思想上得到体现；家教上提倡节俭，政治上也主张力戒骄奢。

在今天，《曾国藩家训》所展现的家庭教育方面的思想，仍然有着非常重要的价值，正是在他谆谆的教诲下，其后人人才辈出，彻底打破了中国社会富贵之家“富不过三代“的宿命。这就是《曾国藩家训》在今天仍受追捧的原因。

编者

目 录

上 卷

下 卷

上　卷

一　谕纪鸿(勤俭自持)

字谕纪鸿儿:

家中人来营者,多称尔举止大方,余为少慰。凡人多望子孙为大官,余不愿为大官,但愿为读书明理之君子。勤俭自持,习劳习苦,可以处乐,可以处约,此君子也。余服官二十年,不敢稍染官宦气习,饮食起居,尚守寒素家风,极俭也可,略丰也可,太丰则吾不敢也。

凡仕宦之家,由俭入奢易,由奢返俭难。尔年尚幼,切不可贪爱奢华,不可惯习懒惰。无论大家小家,士农工商,勤苦俭约,未有不兴,骄奢倦怠,未有不败。尔读书写字,不可间断。早晨要早起,莫坠高曾祖考以来相传之家风。吾父吾叔,皆黎明即起,尔之所知也。

凡富贵功名,皆有命定,半由人力,半由天事。惟学作圣贤,全由自己作主,不与天命相干涉。吾有志学为圣贤,少时欠居敬工夫,至今犹不免偶有戏言戏动。尔宜举止端庄,言不妄发,则入德之基也。

手谕(时在江西抚州门外)

(咸丰六年九月二十九夜)

[译文]

字谕纪鸿儿:

从家里到营中来的人,大多都赞扬你举止大方,我对此稍感欣慰。世人大多希望自己的子孙能做大官,我不希望后人做大官,只希望做个知书达理的君子。勤俭自立持家，习劳习苦，可处于安乐中，可处于节俭中，这就是君子。我做官已有二十年了，不敢沾染一点儿官场俗气，饮食起居，依然遵照寒素家风，非常俭朴也可以，稍微丰盈点儿也可以，太丰厚那我就不敢了。

凡是做官的人家，从俭朴到奢侈容易，从奢侈回到俭朴就困难了。你现在年纪还小，千万不要贪图奢侈，不能养成懒散的习惯。不管是大户人家还是小户人家，士农工商各种人，只要勤俭节约，没有家业不兴旺的；骄奢倦怠，没有家业不衰落的。你读书写字不要间断；早晨要早起，不要丢弃曾祖父时就传下来的家风。我的父亲和叔父，都是黎明就起床，这是你所了解的。

凡是富贵功名，都是命里注定，一半在于人力，一半在于天命。只有学做圣贤，全靠自己做主，与天命不相关联。我有志学做圣贤，可小时候缺少了居家敬谨的功夫，因此到现在还免不了时有戏言和戏谑的行为。你应该举止端庄，不妄说话，才是修养道德的根本。

手谕（时在江西抚州门外）

（咸丰六年九月二十九夜）

［评析］

曾国藩希望后人做知书达理的君子，而非叱咤风云的高官，这和他自己的亲身经历息息相关，也是他在阅尽世间沧桑后悟出的处世之道。勤奋节俭、举止端庄、不妄说话，曾国藩从细处着手，对子女言传身教，可谓亦父亦师。

二　谕纪泽（看读写作缺一不可）

字谕纪泽儿：

余此次出门，略载日记，即将日记封每次家信中。闻林文忠家书，即系如此办法。

尔在省仅至丁、左两家，余不轻出，足慰远怀。

读书之法，看、读、写、作，四者每日不可缺一。看者，如尔去年看

《史记》、《汉书》、《韩文》、《近思录》，今年看《周易折中》之类是也。读者，如《四书》、《诗》、《书》、《易经》、《左传》诸经、《昭明文选》、李、杜、韩、苏之诗，韩、欧、曾、王之文，非高声朗诵则不能得其雄伟之概，非密咏恬吟则不能探其深远之韵。譬之富家居积，看书则在外贸易，获利三倍者也；读书则在家慎守，不轻花费者也。譬之兵家战争，看书则攻城略地，开拓土宇者也；读书则深沟坚垒，得地能守者也。看书与子夏之"日知所亡"相近，读书与"无忘所能"相近，二者不可偏废。

至于写字，真、行、篆、隶，尔颇好之，切不可间断一日。既要求好，又要求快。余生平因作字迟钝，吃亏不少。尔须力求敏捷，每日能作楷书一万，则几矣。

至于作诸文，亦宜在二三十岁立定规模；过三十后，则长进极难。作四书文，作试帖诗，作律赋，作古今体诗，作古文，作骈体文，数者不可不一一讲求，一一试为之。少年不可怕丑，须有狂者进取之趣，过时不试为之，则后此弥不肯为矣。

至于作人之道，圣贤千言万语，大抵不外"敬恕"二字。"仲弓问仁"一章，言敬恕最为亲切。自此以外，如"立则见参于前也，在舆则见其倚于衡也"；"君子无众寡，无小大，无敢慢"，斯为"泰而不骄"；"正其衣冠，俨然人望而畏"，斯为"威而不猛"，是皆言敬之最好下手者。孔言"欲立立人，欲达达人"；孟言"行有不得，反求诸己"，"以仁存心，以礼存心"，"有终身之忧，无一朝之患"，是皆言恕之最好下手者。尔心境明白，于恕字或易著功，敬字则宜勉强行之，此立德之基，不可不谨。科场在即，亦宜保养身体。余在外平安，不多及。

再，此次日记已封入澄侯叔函中，寄至家矣。

余自十二至湖口，十九夜五更开船晋江西省，二十一申刻即至章门。余不多及，又示。

涤生手谕（舟次樵舍下，去江西省城八十里）

（咸丰八年七月二十一日）

［译文］

字谕纪泽儿：

我这次出门，略记日记，并将日记附在每次家信中。听说林文忠家书，即是如此做法。

你在省城,仅到丁、左两家,其他就很少出门,足慰远怀。

读书学习的方法,看书、读书、写字、作文,这四种训练每天缺一不可。看书,像你去年看《史记》、《汉书》、《昌黎先生集》、《近思录》,今年看《周易折中》等就是属于看书之类。读书,像《四书》、《诗经》、《尚书》、《易经》、《左传》等各种儒家经典、《昭明文选》、李白、杜甫、韩愈、苏轼的诗,韩愈、欧阳修、曾巩、王安石的文,不高声朗读就不能领会其中雄伟豪迈的气概,不细细吟咏就不能体会其中深远幽邃的含义。这就好比富贵人家积聚财产:看书就像在外面经商贸易,获得的利润是先前的三倍;读书就像在家里慎守家业,不会轻易花费钱财。又好比军事家用兵打仗:看书就像攻城夺地,扩大自己的疆土地域;读书就像挖沟筑垒,夺得了土地就能坚守。同时,看书又和子夏所说的"日知所亡"接近,读书则与他说的"无忘所能"接近,这两者都不可偏废。

至于写字,正楷、行书、小篆、隶体,你向来都很爱好,现在要坚持练下去,切切不可有一天间断。并且要讲求既要写得好,又要写得快。我平生就由于写字迟钝,吃亏不少。你必须力求敏捷、迅速,假如每天能写上一万个小楷体字,就算差不多了。

至于作各种文体的文章,也应在二十岁至三十岁间基本定型并形成自己的风格;过了三十岁以后,要有进步就很困难了。写作四书文,写作试帖诗,写作律赋,写作古体诗、今体诗,写作散体古文,写作骈体韵文,这些都一定要一一讲求,都一定要一一尝试。年轻人不能胆小怕羞,必须有狂妄之徒的那种闯荡进取的冲劲,错过了青少年时代不去一一尝试,那到了以后就越发不愿意去做了。

至于做人之道,圣贤们千言万语,大至不外乎"敬恕"二字。"仲弓问仁"一章,说敬恕最为亲切。除此之外,如站立就见参于前,如乘车就见其倚于衡;君子无论众寡,无论小大,无论敢慢,他都泰然而不骄;正衣冠,使人望而生畏,他却威而不猛。这是讲"敬"字最好的方法。孔子之言,要立可立之人,要通达可通达之人;孟子之言,行动上有得不到的事,反而要靠自己努力。以仁义存于心中,以礼义存于心中,虽终身担忧,但没有一朝之难。这是讲"恕"字最好的方法。你的心里明白,对于"恕"字或许容易见效,"敬"字则是要勉力去做,这是立德的基础,不可不谨慎。科举考试就要到了,也应注意保养身体,我在外面平安。不多及。

再,这次的日记,已封入寄澄侯叔的信函中寄到家中去了。

我自十二日到湖口，十九日夜里五更开船进入江西省，二十一日申时就到了章门，余不多及。又示。

涤生手谕（舟次樵舍下，去江西省城八十里）

（咸丰八年七月二十一日）

[评析]

由读书到作人，曾国藩不吝笔墨娓娓道来，他并重儿子的才学和品性，从看书、读书、写字、作文四个方面勉励儿子好好做学问，从敬、恕两方面鼓励儿子学习圣贤之人，在文末又不忘提醒儿子保养身体，慈父的形象跃然纸上。

三　谕纪泽（读书应求涵泳体察）

字谕纪泽：

八月一日刘曾撰来营，接尔第二号信，并薛晓帆信，得悉家中四宅平安，至以为慰。

……汝读《四书》无甚心得，由不能“虚心涵泳，切己体察”。朱子教人读书之法，此二语最为精当。尔现读《离娄》，即如《离娄》首章“上无道揆，下无法守”，吾往年读之，亦无甚警惕；近岁在外办事，乃知上之人必揆诸道，下之人必守乎法，若人人以道揆自许，从心而不从法，则下凌上矣。“爱人不亲”章，往年读之，不甚亲切；近岁阅历日久，乃知治人不治者，智不足也。此切己体察之一端也。

“涵泳”二字，最不易识，余尝以意测之曰：涵者，如春雨之润花，如清渠之溉稻。雨之润花，过小则难透，过大则离披，适中则涵濡而滋液。清渠之溉稻，过小则枯槁，过多则伤涝，适中则涵养而浡兴。泳者，如鱼之游水，如人之濯足。程子谓鱼跃于渊，活泼泼地；庄子言濠梁观鱼，安知非乐？此鱼水之快也。左太冲有“濯足万里流”之句，苏子瞻有“夜卧濯足”诗，有“浴罢”诗，亦人性乐水者之一快也。善读书者，须视书如水，而视此心如花、如稻、如鱼、如濯足，则涵泳二字，庶可得之于意言之表。尔读书易于解说文义，却不甚能深入，可就朱子“涵泳”、“体察”二语悉心求之。

邹叔明新刊地图甚好，余寄书左季翁，托购致十副，尔收得后，可好藏之。薛晓帆银百两，宜璧还。余有复信，可并交季翁也。此嘱。

父涤生字

（咸丰八年八月初三日）

［译文］

字谕纪泽：

八月一日，刘曾撰来军营，收到你的第二封信和薛晓帆的信，得知家中四宅都平安，非常欣慰。

……你读《四书》没有什么心得体会，是由于不能虚心涵泳，切身体察。朱子教人读书的方法，就这两句话最为精辟。你如今读《离娄》，就应当像《离娄》第一章的"上无道揆，下无法守"。我过去读到这里也没怎么注意，这些年在外办事，才知道处于高位的人必须遵守道德，处于低位的人应当遵守法规。假如每个人都以遵守道德自居，只从心愿而不从法律，就会以下凌上。"爱人不亲"一章，我从前读它时，不觉得亲切，近些年来阅历逐渐深了，才知道治人者而不能治人，是智力不够，这是我亲身体验的一个方面。

"涵泳"二字最难理解，我曾经诠释说：所谓涵，像春雨滋润鲜花，像清澈的渠水灌溉稻秧。雨水滋润鲜花，太少了就不容易浇透，太多了就容易倒伏，不多不少才能使花得到充足的水分；渠水灌溉稻秧，太少了稻秧就会干枯，太多了就会造成涝灾，不多不少才能使稻秧茁壮成长。泳者，就像鱼儿游泳，像人洗脚。程子说鱼跃进水潭，十分活跃；庄子说，在濠梁上看鱼，怎么知道鱼儿它不快乐呢？这是鱼在水中的快活。左太冲有"濯足万里流"的语句，苏子瞻"有夜卧濯足"诗，有"浴罢"诗，也是人天性喜水的一种快乐。善于读书的人，必须把书看做水，而把这种心情看做鲜花，像稻秧，像鱼儿，像洗脚，那么对涵泳二字，就深有体会了。你读书理解文章的含义比较容易，却不能深入体会。但愿你能从朱子涵泳、体察两句中，专心追求。

邹叔明新刊刻的地图很好。我寄了信给左季翁，托付他购买十副，你收到后，一定好好收藏。薛晓帆的百两银子应当送还。我有回信，请交给季翁。特此叮嘱。

父涤生字

（咸丰八年八月初三日）

［评析］

从自己的读书经验中为儿子解疑答惑，传授方法，总结出读书关键在于虚心涵泳，切身体察。“涵泳”二字深恐幼子不解，故详细阐释，辅以譬喻，语言生动活泼。作为一代儒将，曾国藩秉持书香门第的理念，希望儿子能善于读书，专心追求，学有所得。

四　谕纪泽（尔应雪父生平三耻）

字谕纪泽儿：

十九日曾六来营，接尔初七日第五号家信并诗一首，具悉次日入闱，考具皆齐矣，此时计已出闱还家？余于初八日至河口，本拟由铅山入闽，进捣崇安，已拜疏矣。光泽之贼，窜扰江西，连陷泸溪、金溪、安仁三县，即在安仁屯踞。十四日派张凯章往剿，十五日余亦回驻弋阳，待安仁破灭后，余乃由泸溪云际关入闽也。

尔七古诗，气清而词亦稳，余阅之忻慰。凡作诗，最宜讲究声调。余所选钞五古九家，七古六家，声调皆极铿锵，耐人百读不厌。余所未钞者，如左太冲、江文通、陈子昂、柳子厚之五古，鲍明远、高达夫、王摩诘、陆放翁之七古，声调亦清越异常。尔欲作五古、七古，须熟读五古、七古各数十篇。先之以高声朗诵，以昌其气；继之以密咏恬吟，以玩其味。二者并进，使古人之声调拂拂然若与我之喉舌相习，则下笔为诗时，必有句调凑赴腕下。诗成自读之，亦自觉琅琅可诵，引出一种兴会来。古人云“新诗改罢自长吟”，又云“煅诗未就且长吟”，可见古人惨淡经营之时，亦纯在声调上下工夫。盖有字句之诗，人籁也；无字句之诗，天籁也。解此者，能使天籁、人籁凑泊而成，则于诗之道思过半矣。

尔好写字，是一好气习。近日墨色不甚光润，较去年春夏已稍退矣。以后作字，须讲究墨色。古来书家，无不善使墨者，能令一种神光活色浮于纸上，固由临池之勤、染翰之多所致，亦缘于墨之新旧浓淡，用墨之轻重疾徐，皆有精意运乎其间，故能使光气常新也。

余生平有三耻：学问各途，皆略涉其涯涘，独天文、算学，毫无所知，虽恒星、五纬亦不识认，一耻也；每作一事，治一业，辄有始无终，二耻也；少时作字，不能临摹一家之体，遂致屡变而无所成，迟钝而不适于用，近岁在军，因作字太钝，废阁殊多，三耻也。尔若为克家之子，当思雪此三耻。推步、算学，纵难通晓，恒星、五纬，观认尚易。家中言天文之书，有《十七史》中各《天文志》及《五礼通考》中所辑《观象授时》一种。每夜认明恒星二三座，不过数月，可毕识矣。凡作一事，无论大小难易，皆宜有始有终。作字时，先求圆匀，次求敏捷。若一日能作楷书一万，少或七八千，愈多愈熟，则手腕毫不费力。将来以之为学，则手钞群书；以之从政，则案无留牍。无穷受用，皆自写字之匀而且捷生出。三者皆足弥吾之缺憾矣。

今年初次下场，或中或不中，无甚关系。榜后即当看《诗经注疏》，以后穷经读史，二者迭进。国朝大儒，如顾、阎、江、戴、段、王数先生之书，亦不可不熟读而深思之。光阴难得，一刻千金！

以后写安禀来营，不妨将胸中所见、简编所得，驰骋议论，俾余得以考察尔之进步，不宜太寥寥，此谕。（书于弋阳军中）

（咸丰八年八月二十日）

［译文］

字谕纪泽儿：

十九日曾六来军营，接到你初七第五封家信及诗一首，具悉次日入闱考试，考试用具都已备齐。这时估计已考完回家。我于初八到河口，本来准备由铅山进入福建，进攻崇安，已经上书。光泽敌军窜扰江西，接连攻陷沪溪、金溪、安仁三县，随后在安仁踞守。十四日派张凯章军进攻。十五日我也回弋阳。待安仁攻破后，我再由沪溪云际关入福建。

你的七言古诗，气质清明而词也稳妥，我看了以后感到十分欣慰。凡是作诗，最讲究诗的音律节奏。我所选抄的五言古诗九家、七言古诗六家，诗的音律节奏都是非常悦耳的乐声，能使人百读不厌。我没有抄的，如左思、江淹、陈子昂、柳子厚的五言古诗，鲍照、高适、王维、陆游的七言古诗，其音律节奏也清越异常。你想作五言古诗和七言古诗，必须熟读五言古诗和七言古诗各数十篇。刚开始可以高声朗诵，以正其气质；接着细声长吟，以玩其诗味。两者并进，使古人的音律节奏，像风吹动一般达到喉舌使自己通晓而熟悉，那么下笔作诗之时，一定会有好的诗句、好的声调来到你的笔下。诗成后自己朗读它,也会觉得清朗响亮而津津有味,引出一种新的灵感来。古人说过“新诗改罢自长吟”,又说过“煅诗未就且长吟”,可见古人在尽心规划之时,也纯粹在音律节奏上下工夫。由于有字句之诗,是人所发出的音响;没有字句之诗,是自然界发出的音响。了解这点的,就可以使自然界发出的音响和人发出的音响凝合聚结,那么对于作诗的道理就知道一半了。

你喜爱写字,这是一种很好的习性。不过,近来写字的墨色不是很光润,比起去年春夏之交的时候已稍有退步。你以后练字,必须讲究墨色。古代的书法家,没有不善于讲究墨色的,能够令一种神光活色浮于纸上,这固然是由于学习书法相当勤奋、以笔蘸墨用得多了的原因;同时也因为墨的新旧浓淡,用墨的轻重快慢等都有精意运用到字上、纸上,因此能够使神光气质常写常新了。

我生平有三耻:各种学问都有所涉猎,唯天文算学,一点不懂,就连恒星和五纬也不认识,这是一耻;经常做事,办事业,常有始无终,这是二耻;小时候练字,不能临摹一家之体,结果屡次改变而无所成,写的缓慢而不适用。近年在军,因写字太慢,误事很多,这是三耻。你是我的儿子,应当雪此三耻。推步算学,即使很难通晓,但恒星五纬,还是比较容易认识的。家中讲天文的书,有《十七史》中的各书《天文志》以及《五礼通考》中所辑录的《观象授时》一种。每天晚上认明恒星二三颗,不过数月,就可全部认识。凡是做事,无论大小难易,都应该有始有终,练字时先求圆匀,再求敏捷。如一天能练楷书一万字,少或七八千字,越多越熟,那么手腕毫不费力。将来为学,可手抄群书;将来从政,可不积压公文。无穷的好处,都是从写字的好而快生出的。以上三个方面足以弥补我的缺憾。

今年初次科考结束之时,无论中与不中,都没有多大的关系。发榜以后就马上阅读《诗经注疏》,之后深入研究经籍和勤读史书,二者更替进行。我朝大儒如顾炎武、阎若璩、江藩、戴震、段玉裁、王念孙数位先生的著作,也一定要熟读、一定要深思。时间很宝贵,一刻千金。

以后写给我的信件寄到军营中来,不妨将自己心中的体会,书籍上所得的知识,敞开想法发表自己的言论,使我能从中考察你的进步,因此书信文字不宜太少。特此告知!(书于弋阳军中)

(咸丰八年八月二十日)

[评析]

在刀光剑影的戎马生涯中仍不忘教诲儿子写诗练字,其情其意着实可敬。曾国藩在学问上学而不厌，即便功成名就仍然牢记自己的不足，并归为三耻：不懂天文算学、办事有始无终、写字缓慢误事。他希望儿子能吸取他的教训，避免“重蹈覆辙”，可谓用心良苦。

五　谕纪泽（看书总宜虚心求之）

字谕纪泽：

十月十一日接尔安禀，内附隶字一册。二十四日接澄叔信，内附尔临《玄教碑》一册。王五及各长夫来，具述家中琐事甚详。

尔信内言读《诗经注疏》之法，比之前一信已有长进。凡汉人传注、唐人之疏，其恶处在确守故训，失之穿凿；其好处在确守故训，不参私见。释“谓”为“勤”，尚不数见；释“言”为“我”，处处皆然。盖亦十口相传之诂，而不复顾文气之不安。如《伐木》为文王与友人入山，《鸳鸯》为明王交于万物，与尔所疑《螽斯》章解，同一穿凿。朱子《集传》，一扫旧障，专在涵泳神味，虚而与之委蛇。然如《郑风》诸什，注疏以为皆刺忽者固非，朱子以为皆淫奔者，亦未必是。尔治经之时，无论看注疏，看宋传，总宜虚心求之。其惬意者，则以朱笔识出；其怀疑者，则以另册写一小条，或多为辨论，或仅著数字，将来疑者渐晰，又记于此条之下，久久渐成卷帙，则自然日进。高邮王怀祖先生父子，经学为本朝之冠，皆自札记得来。吾虽不及怀祖先生，而望尔为伯申氏甚切也。

尔问时艺可否暂置，抑或它有所学？余惟文章之可以道古，可以适今者，莫如作赋。汉魏六朝之赋，名篇巨制，具载于《文选》，余尝以《西征》、《芜城》及《恨》、《别》等赋示尔矣。其小品赋，则有《古赋识小录》，律赋则有本朝之吴縠人、顾耕石、陈秋舫诸家。尔若学赋，可于每三、八日作一篇，大赋或数千字，小赋或仅数十字，或对，或不对，均无不可。此事比之八股文略有意趣，不知尔性与之相近否？

尔所临隶书《孔宙碑》，笔太拘束，不甚松活，想系执笔太近毫之故,以后须执于管顶。余以执笔太低,终身吃亏,故教尔趁早改之。《玄教碑》墨气甚好,可喜可喜。郭二姻叔嫌左肩太俯,右肩太耸。吴子序年伯欲带归示其子弟。尔字姿于草书尤相宜,以后专习真、草二种,篆、隶置之可也。四体并习,恐将来不能一工。

余癣疾近日大愈,目光平平如故。营中各勇夫病者,十分已好六七,惟尚未复元,不能拔营进剿,良深焦灼。闻甲五目疾十愈八九,忻慰之至。尔为下辈之长,须常常存个乐育诸弟之念。君子之道,莫大乎与人为善,况兄弟乎?临三、昆八,系亲表兄弟,尔须与之互相劝勉。尔有所知者,常常与之讲论,则彼此并进矣。此谕。

(咸丰八年十月二十五日)

[译文]

字谕纪泽:

十月十一日接到你的信,内附隶书一册。二十四日接澄叔信,内附有你临摹的《玄教碑》一册。王五及其他长夫来,具述家中琐事,甚详。

你信中说读《诗经注疏》的方法,比起前一封信有很大长进。凡是汉人传下的注释,唐人的注疏,其不好之处在于确守故训,失之穿凿,其好处在确守故训,不掺杂私见。释谓为勤,还不多见,释"言"为"我",处处都是,也是因为口口相传的训诂,也不再注意文章语气的不顺。如《伐木》为文王与友人入山,《鸳鸯》为明王与万物相交。与你所怀疑的《螽斯》章的解释,同样属于穿凿。朱子《集传》,扫除旧的障碍,专在涵泳神味上用心,虚与委蛇,但是如《郑风》等篇的注疏,以为都是刺忽的固然不对,朱子以但都是淫奔的,也未必对,你钻研《诗经》时,无论看注疏,看宋传,总要虚心探求。其中得意之处,就用红笔画出。其中可怀疑之处,就另外写一小条,或多为辩论,或仅写数字,将来可疑的地方渐渐明晰,再记在此条之下,时间长了就成卷帙,那样必然有很大长进。高邮王怀祖先生父子,经学研究是本朝之冠,都是从札记得来的,我虽然比不上怀祖先生,但对你成为伯申氏的期望甚切。

你问作八股文可否暂时搁置,或看有什么其他可学,我认为文体中既可以道古,又可以论今的莫如作赋。汉魏六朝之赋,名篇巨制,都载于《文选》,我曾经以《西征》、《芜城》及《恨》、《别》等赋给你看。其他小品赋,则有《古赋识小录》。律赋,有本朝的吴穀人、顾耕石、陈秋舫等家。你若学赋,可在每逢三、八日作一篇大赋,或数千字,小赋或仅数十字,或对仗或不对仗，均无不可。这些比作八股文略有兴趣，不知是否符合你的习性？

你所临摹的隶书《孔庙碑》，笔画太拘束，不怎么松活，猜想是握笔太靠下的缘故，以后要握在笔管的顶部。我因为握笔太低，终身吃亏，所以教你趁早改之，《玄教碑》墨气很好，可喜可喜，郭二姻叔觉得左肩有些低俯，右肩过于高耸，但吴子序年伯要回去给他的子弟看。你写的字比较适于草书，以后专门练习真草二种，篆隶可以搁置。四体一同练习，恐怕将来没有一种能精。

我的癣疾近些日子大好，目光仍平平如故。营中兵勇患病的，十分已好六七，只是还没有复原，不能拔营进剿，很是焦虑。听说甲五眼病十愈八九，欣慰之至。你是下一辈的兄长，应记得常常关心诸位兄弟。君子之道，最重要的是与人为善，何况兄弟之间？临三、昆八是亲表兄弟，你应与他们互相勉励。你有些什么见解，常常与他们讲解议论，这样才能彼此都有长进。此谕。

（咸丰八年十月二十五日）

［评析］

耐心地为幼子解疑答惑，从自己的读书心得中启发儿子虚心探求学问，语重心长，不厌其烦。由儿子临摹的隶书笔画拘束，揣测问题在于握笔靠下，希望儿子改正，不致像他一样握笔太低，终身吃亏。战时指挥千军万马，战闲教诲儿女读书，父爱之深可见一斑。

六　谕纪泽（三河惨败形势难堪）

字谕纪泽：

二十五日寄一信，言读《诗经注疏》之法。二十七日县城二勇至，接尔十一日安禀，具悉一切。

尔看天文，认得恒星数十座，甚慰甚慰。前信言《五礼通考》中《观象授时》二十卷内恒星图最为明晰，曾翻阅否？国朝大儒于天文历数之学，讲求精熟，度越前古。自梅定九、王寅旭以至江、戴诸老，皆称绝学，然皆不讲占验，但讲推步。占验者，观星象云气以卜吉凶，《史记·天官书》、《汉书·天文志》是也。推步者，测七政行度，以定授时，《史记·律书》、《汉书·律历志》是也。秦味经先生之《观象授时》，简而得要。心壶既肯究心此事，可借此书与之阅看（《五礼通考》内有之，《皇清经解》内亦有之）。若尔与心壶二人能略窥二者之端绪，则是以补余之缺憾矣。

四六落脚一字粘法，另纸写示（因接安徽信，遂不开示）。

书至此，接赵克彰十五夜自桐城发来之信，温叔及李迪庵方伯尚无确信，想已殉难矣，悲悼曷极！来信寄叔祖父封内，中有往六安州之信，尚有一线生机。余官至二品，诰命三代，封妻荫子，受恩深重，久已置死生于度外，且常恐无以对同事诸君于地下。温叔受恩尚浅，早岁不获一第，近年在军，亦不甚得志，设有不测，赍恨有穷期耶？

军情变幻不测，春夏间方冀此贼指日可平，不图七月有庐州之变，八九月有江浦、六合之变，兹又有三河之大变，全局破坏，与咸丰四年冬间相似，情怀难堪。但愿尔专心读书，将我所好看之书领略得几分，我所讲求之事钻研得几分，则余在军中，心常常自慰。

尔每日之事，亦可写日记，以便查核。（建昌营次）

（咸丰八年十月二十九日）

[译文]

字谕纪泽儿：

二十五日寄去一信，讲读《诗经注疏》的方法。二十七日县城的两个兵勇到来，接到你十一日的信，具悉一切。

你看天文，认得恒星几十颗，甚慰甚慰。上次信中说《五礼通考》中《观象授时》二十卷内的恒星图最为清楚，你曾翻阅吗？国朝大儒们对于人文历数之学，研究精熟，超越以前古人。从梅定九、王寅旭到江、戴诸老，皆称绝学，但是他们都不讲占验只讲进步。占验是观察星象云气以卜吉凶，《史记·天官书》、《汉书：天文志》是也；推步是指测量七政的经纬度，以测定时间历法，《史记·律书》、《汉书·律历志》是也。秦味经先生《观象授时》之法，简时而得要领，心壶既然肯于研究，可借这本书给他阅读（《五礼通考》内有，《皇清经解》内也有）。如果你和心壶二人能看出二者的一些头绪，就足以弥补我的缺憾了。

四六落脚的一字粘法，用另外一张纸写出（因接安徽来信，遂不开示）。

信写到这，接到赵克彰十五日夜从桐城发来的信，温叔和李迪庵方伯，还没有确切消息。想必已经殉难，悲悼何极！来信寄给叔祖父信封内有运往六安的信，还有一线希望。我官至二品，诰命三代，封妻荫子，深受皇恩，早已将生死置之度外，况且常恐对不起同事诸君于地下，温叔受皇恩还不多，早年几次科举不曾中第，近年在军中，也不很得志，假使有什么不测，遗憾无穷。

军情变幻，春夏之时刚希望敌军指日可破，不料七月有庐州之变，八九月有江浦、六合之变，现又有三河大变，全局破坏，与咸丰四年冬天相似，形势难堪。但愿你专心读书，将我喜欢看的书能领略几分，我爱研究的事钻研得几分。我在军中，心常自慰。你每天做事，也可写成日记，以便查阅。（建昌营次）

（咸丰八年十月二十九日）

［评析］

对儿子的进步深感欣慰，总结当代大儒研究人文历数之学的特点，勉励儿子继续学习。但三河惨败，形势难堪，即便不愿叨扰儿子读书的曾国藩也难忍心中悲戚之情，不禁向儿子诉说心中苦闷。“余官至二品，诰命三代，封妻荫子，受恩深重，久已置死生于度外，且常恐无以对同事诸君于地下”，曾国藩用自己的言行向幼子诠释了忠、义之道，着实令人敬佩。

七　谕纪泽（贺家凋败应慰解）

字谕纪泽：

初一日接尔十二日一禀，得知四宅平安，尔将有长沙之行，想此时又归也。少庚早世，贺家气象日以凋耗。尔当常常寄信与尔岳母，以慰其意；每年至长沙走一二次，以解其忧。耦耕先生学问文章，卓绝辈流，居官亦恺恻慈祥，而家运若此，是不可解！尔挽联尚稳妥。

《诗经》字不同者,余忘之。凡经文版本不合者,阮氏《校勘记》最详(阮刻《十三经注疏》,今年六月在岳州寄回一部,每卷之末皆附校勘记,《皇清经解》中亦刻有校勘记,可取阅也)。凡引经不合者,段氏《撰异》最详(段茂堂有《诗经撰异》、《书经撰异》等著,俱刻于《皇清经解》中),尔翻而校对之,则疑者明矣。

(咸丰八年十二月初三日)

[译文]

字谕纪泽:

初一接到你上月十二日的一封信,得知四宅都平安,你将要去长沙,想来此时又回家中了。少庚去世的早,贺家的境况日渐衰落。你应该经常寄信给你岳母,以安慰她的内心;每年要去长沙一两次,以消解她的忧愁。耦耕(贺长龄)先生的学问文章,卓绝一流,身居高官也能温和慈祥,而家境到今天这地步,实在是不可理解!你写的挽联还算稳妥。

《诗经》有不同的字,我忘记了。凡是经文各种版本有不同字的,阮元的《校勘记》记载最详细(阮元所刻《十三经注疏》,今年六月我在岳州时寄回去一部,每卷的末尾都附有校勘记,《皇清经解》中也刻有校勘记,可取来阅读)。凡是引用经书不合适的,段玉裁的《撰异》记载最详细(段懋堂有《诗经撰异》、《书经撰异》等著作,全部刻于《皇清经解》中),你翻阅校对一下,那么疑惑就解开了。

(咸丰八年十二月初三日)

[评析]

曾国藩与贺长龄是亲家,信中表达了对贺长龄人品学问的敬佩,同时对贺家的衰落十分同情,为了消解亲家母内心的忧愁,让纪泽多给岳母写信,并每年要亲自去看望一两次,从这些事上都可以看出曾国藩为人之忠厚。

八　谕纪泽(时文当常作)

字谕纪泽：

日来接尔两禀，知尔《左传注疏》将次看完。《三礼注疏》，非将江慎修《礼书纲目》识得大段，则注疏亦殊难领会，尔可暂缓，即《公》、《穀》亦可缓看。尔明春将胡刻《文选》细看一遍，一则含英咀华，可医尔笔下枯涩之弊；一则吾熟读此书，可常常教尔也。

沅叔及寅皆先生望尔作四书文，极为勤恳。余念尔庚申、辛酉下两科场，文章亦不可太丑，惹人笑话。尔自明年正月起，每月作四书文三篇，俱由家信内封寄营中。此外或作得诗赋论策，亦即寄呈。

写字之中锋者，用笔尖着纸，古人谓之“蹲锋”，如狮蹲虎蹲犬蹲之象。偏锋者，用笔毫之腹着纸，不倒于左，则倒于右。当将倒未倒之际，一提笔则为蹲锋，是用偏锋者，亦有中锋时也。此谕。

涤生字

（咸丰八年十二月十三日）

［译文］

字谕纪泽：

日来接你两信，知道《左传注疏》你将看完。《三礼注疏》若非将江慎修《礼书纲目》大段认得，那注疏也难领会，你可以暂缓，就是《公》《穀》也可以缓看，你明年春天将胡刻《文选》细看一遍，一可含英咀华，医治你笔下枯涩的毛病，二来我熟读此书可以常常教你。

沅叔及寅皆先生希望你仿《四书》作文，极为恳切，我念及你庚申、辛酉两次下科场，文章也不能太差，惹人笑话。你自明年正月开始，每月仿《四书》作文三篇，由家信内封寄来营中，此外如作得诗赋、论策，也一起寄来。

写字的中锋，用笔尖着纸。古人称为蹲锋，如狮蹲、虎蹲、狗蹲。偏锋用笔腹着纸，不向左倒，就向右倒，当将倒未倒的时候，一提笔就是蹲锋。

用偏锋的时候,也有用中锋的。此谕。

涤生字

(咸丰八年十二月十三日)

[评析]

根据儿子学习特点一步一步为其规划学业,建议儿子阅读《文选》以医治笔下枯涩的毛病,要求儿子仿《四书》作文,并寄来审阅,最后仍不忘教诲儿子写字练字,可谓苦口婆心,寄予厚望。

九 谕纪泽(做人要有气量)

字谕纪泽:

闻尔至长沙已逾月余,而无禀来营,何也?少庚讣信百余件,闻皆尔亲笔写之,何不发刻,或倩人帮写?非谓尔宜自惜精力,盖以少庚年未三十,情有等差,礼有隆杀,则精力亦不宜过竭耳。近想已归家度岁?

今年家中因温甫叔之变,气象较之往年迥不相同。余因去年在家,争辨细事,与乡里鄙人无异,至今深抱悔憾,故虽在外,亦恻然寡欢。尔当体我此意,于叔祖、各叔父母前尽些爱敬之心,常存休戚一体之念,无怀彼此歧视之见,则老辈内外必器爱尔,后辈兄弟姊妹必以尔为榜样。日处日亲,愈久愈敬,若使宗族乡党皆曰“纪泽之量大于其父之量”,则余欣然矣。

余前有信教尔学作赋,尔复禀并未提及。又有信言“涵养”二字,尔复禀亦未之及。嗣后我信中所论之事,尔宜一一禀复。

余于本朝大儒,自顾亭林之外,最好高邮王氏之学。王安国以鼎甲官至尚书,谥文肃,正色立朝,生怀祖先生念孙,经学精卓,生王引之,复以鼎甲官尚书,谥文简,三代皆好学深思,有汉韦氏、唐颜氏之风。余自憾学问无成,有愧王文肃公远甚,而望尔辈为怀祖先生,为伯申氏,则梦寐之际,未尝须臾忘也。怀祖先生所著《广雅疏证》、《读书杂志》,家中无之。伯申氏所著《经义述闻》、《经传释词》,《皇清经解》内有之,尔可试取一阅,其不知者,写信来问。本朝穷经者,皆精小学,大约不出段、王两家之范围耳。

父涤生示

(咸丰八年十二月三十日)

[译文]

字谕纪泽:

听说你到长沙已经一个多月了,却无信来营,为什么?少庚讣告信件一百多封,听说全是你亲笔写的。为何不发出刻写,或请人帮写?不是说你应自己爱惜精力,而是少庚年纪不到三十岁,情谊有差别,礼节有轻重,就是精力也不应过分消耗。想你近日应已回家过年。

今年家中因温甫叔之变,气象比起往年迥然不同。我去年在家中,因小事争执,同乡下小人一样,至今深深悔恨。因此虽然在外,也是悲痛少欢。你应当体会我的心意,在叔祖及各位叔父、叔母前多尽些敬爱心,要心存全家同为一体的观念,不怀彼此歧视的见解,那么老辈内外亲长必然器重喜爱你。后辈兄弟姐妹以你为榜样,越来越亲密。如果能使宗族、乡党都说,纪泽的气量大于他父亲的气量,我就非常高兴。

我以前写信教你学习作赋,你复信没有提到,我又写信讲涵养二字,你复信也没有提到。以后我信中议论之事,你复信也应一一论及。

我对本朝大儒,除顾亭林之外,最爱好高邮王氏之学。王安国以科举鼎甲入仕,官至尚书,追谥文肃,以严正立于朝廷,生怀祖先生念孙对于经学,研究精卓,生王引之,再以鼎甲入仕,官至尚书,追谥文简。祖孙三代都是好学深思,有汉韦氏、唐颜氏之风。我自憾学问无所成就,有愧于王文肃公甚远,但望你辈能成为怀祖先生,为伯申氏,这是梦寐以求,须臾不忘的,怀祖先生所著《广雅疏证》、《读书杂志》家中没有。伯申氏所著《经义述闻》、《经传释词》,在《皇清经解》内有,你可取出阅读。有不明白的地方,写信来问。本朝研究经学的人,全精通小学,但都没有超越段王两家的水平。

父涤生示

(咸丰八年十二月三十日)

[评析]

晓之以情,动之以理,教诲儿子长幼之序,尊卑之别,虽对儿子有所责备,却令人心服口服。从自己的不足中启发儿子做人要有气量,心存全家同为一体的观念,以和为贵。鼓励儿子要精小学,尤其是学习王氏之学,将来光耀曾家门楣。曾国藩对子女要求严格,从此信中可见一斑。

十 谕纪泽(作文宜摹仿古人间架)

字谕纪泽:

三月初二日接尔二月二十日安禀,得知一切。内有贺丹麓先生墓志,字势流美,天骨开张,览之忻慰。惟间架间有太松之处,尚当加功。大抵写字只有用笔、结体两端。学用笔,须多看古人墨迹;学结体,须用油纸摹古帖。此二者,皆决不可易之理。小儿写影本,肯用心者,不过数月,必与其摹本字相肖。吾自三十时,已解古人用笔之意,只为欠却间架工夫,便尔作字不成体段。生平欲将柳诚悬、赵子昂两家合为一炉,亦为间架欠工夫,有志莫遂。尔以后当从间架用一番苦功,每日用油纸摹帖,或百字,或二百字,不过数月,间架与古人逼肖而不自觉,能合柳、赵为一,此吾之素愿也。不能,则随尔自择一家,但不可见异思迁耳。

不特写字宜摹仿古人间架,即作文亦宜摹仿古人间架。《诗经》造句之法,无一句无所本。《左传》之文,多现成句调。扬子云为汉代文宗,而其《太玄》摹《易》,《法言》摹《论语》,《方言》摹《尔雅》,《十二箴》摹《虞箴》,《长杨赋》摹《难蜀父老》,《解嘲》摹《客难》,《甘泉赋》摹《大人赋》,《剧秦美新》摹《封禅文》,《谏不许单于朝书》摹《国策·信陵君谏伐韩》,几于无篇不摹。即韩、欧、曾、苏诸巨公之文,亦皆有所摹拟,以成体段。尔以后作文作诗赋,均宜心有摹仿,而后间架可立,其收效较速,其取径较便。

前信教尔暂不必看《经义述闻》,今尔此信言业看三本,如看得有些滋味,即一直看下去,不为或作或辍,亦是好事。惟《周礼》、《仪礼》、《大戴礼》、《公》、《穀》、《尔雅》、《国语》、《太岁考》等卷,尔向来未读过正文者，则王氏《述闻》亦暂可不观也。

尔思来营省觐，甚好，余亦思尔来一见。婚期既定五月二十六日，三四月间自不能来，或七月晋省乡试，八月底来营省觐亦可。身体虽弱，处多难之世，若能风霜磨炼，苦心劳神，亦自足坚筋骨而长识见。沅甫叔向最羸弱，近日从军，反得壮健，亦其证也。赠伍嵩生之君臣画像乃俗本，不可为典要。奏摺稿当钞一目录付归，余详诸叔信中。

（咸丰九年三月初三日清明）

［译文］

字谕纪泽：

三月初二接到你二月二十日来信，得知一切。你在信内附寄的你所写贺丹麓先生的墓志，可以说是字势流畅优美，字体开阔雄伟，看了使人感到欣慰。只是间架结构偶尔有太松散的地方，还须加倍用功练习。但凡练字只有用笔与结体这两方面应该重视。学习用笔，必须多看阅古人的墨迹；学习结构，必须用油纸临摹古代字帖。这两方面都是绝不可更改的基本功。青少年练写描摹本，肯用心的，不到几个月的练习，就必定与描摹本上的字相似了。我从三十岁开始，就已经领会了古人用笔的意趣，只由于欠缺安排间架的工夫，就导致后来写字成不了体统。我平生想将柳公权、赵子昂两家的书法艺术融为一体，也由于缺乏安排间架的功力，使这一愿望而没能达成。你今后应从间架结构方面下一番苦工，每天用油纸摹写古帖，或者写一百来字，或者写二百来字，这样不到几个月，间架结构方面就会练得跟古人字体酷为相似，连自己都觉察不到了。能把柳体、赵体融为一体，这是我长期以来的愿望；要是做不到这样，那就随你自己的意愿从其中选择一家练习吧，只是不能见异思迁啊！

不只是写字应该模仿古人的间架结构，即便是作文也应该模仿古人的间架结构。《诗经》造句的方法，是没有一句无来由的。《左传》里的文章，大多套用了现成的句子格调。扬雄乃是汉朝文章的一代宗师，而他的《太玄》模仿了《周易》，《法言》模仿了《论语》，《方言》模仿了《尔雅》，《十二箴》模仿了《虞箴》，《长杨赋》模仿了《难蜀父老》，《解嘲》模仿了《客难》，《甘泉赋》模仿了《大人赋》，《剧秦美新》模仿了《封禅文》，《谏不许单于朝书》模仿了《国策·信陵君谏伐韩》，几乎是没有一篇不模仿。即便像韩愈、欧阳修、曾巩、苏轼这几位巨匠的文章，也都由于有模仿之处，才成个体统。你今后写文章、作诗赋，都应考虑模仿，只有这样才可以确立自己的文章格局，因此收效较为迅速，方法也较为简便。

前信教你暂时不必看《经义述闻》，现在你信中说已经看了三本，如看得有些滋味，就可以一直看下去，不管或作或不作，也是好事。只是《周礼》、《仪礼》、《大戴礼》、《公》、《穀》、《尔雅》、《国语》、《太岁考》等卷，你从来没有读过正文的，王氏《述闻》也暂时可以不看。

你想来营中探亲，很好。我也想你来此一见，婚期既然定在五月二十六日，三月、四月间自然不能来，或许七月晋省城乡试，八月底来营探亲也行。身体虽然很弱，处于多难之时，如能经受风霜磨炼，苦心劳神，也是以锻炼筋骨而增长见识。沅浦叔一向身体最弱，近日从军，反而健壮，也是证明。赠给伍嵩生的君臣画像是俗本，不可作为典要。奏折稿准备抄一个目录带回。其余详情在各位叔叔的信中。

（咸丰九年三月初三日清明）

［评析］

看到儿子字体开阔雄伟，心中感到欣慰，但仍不忘指出问题所在，希望儿子能在间架结构方面下一番苦工，追求至善至美。曾国藩对于作文主张模仿，这和清朝集各代文化于一身有很大关系。文学发展到清朝，创作的成分锐减，时人更善于模仿前人，从故纸堆中筛选典故以备写作。强调模仿前人固然有一定道理，但却易禁锢思路，纵观文学史，仅靠模仿恐并非一条培养大文豪的捷径。

十一　谕纪泽（学书应知南北两派之长）

字谕纪泽儿：

二十二日接尔禀并《书谱叙》，以示李少荃、次青、许仙屏诸公，皆极赞美，云尔“钩联顿挫，纯用孙过庭草法，而间架纯用赵法，柔中寓刚，绵里藏针，动合自然”等语，余听之亦欣慰也。

赵文敏集古今之大成，于初唐四家内师虞永兴，而参以钟绍京，因此以上窥二王，下法山谷，此一径也；于中唐师李北海，而参以颜鲁公、徐季海之沉着，此一径也；于晚唐师苏灵芝，此又一径也。由虞永兴以溯二王及晋六朝诸贤，世所称南派者也；由李北海以溯欧、褚及魏、北齐诸贤，世所谓北派者也。尔欲学书，须窥寻此两派之所以分：南派以神韵胜，北派以魄力胜。宋四家，苏、黄近于南派，米、蔡近于北派，赵子昂欲合二派而汇为一。尔从赵法入门，将来或趋南派，或趋北派，皆可不迷于所往。我先大夫竹亭公，少学赵书，秀骨天成。我兄弟五人，于字皆下苦功，沅叔天分尤高。尔若能光大先业，甚望甚望！

制艺一道，亦须认真用功。邓瀛师，名手也。尔作文，在家有邓师批改，付营有李次青批改，此极难得，千万莫错过了。付回赵书《楚国夫人碑》，可分送三先生（汪、易、葛）、二外甥及尔诸堂兄弟。又旧宣纸手卷、新宣纸横幅，尔可学《书谱》，请徐柳臣一看，此嘱。

父涤生手谕

（咸丰九年三月二十三日）

［译文］

字谕纪泽儿：

二十二日接到你的信及《书谱叙》，给李少荃、次青、许仙屏等人看，都很称赞。说你的书法钩联顿挫，纯用孙过庭的草书，而间架纯用赵派书法，柔中有刚，绵里藏针，动合自然。我听了很欣慰。

赵孟頫是古今书法的集大成者，效法初唐四大书法家之一的虞世南，而且借鉴钟绍京的技法，由此往上继承“二王”父子，往下则效法黄庭坚，这是一种门径；效法中唐李邕，而且借鉴颜真卿、徐皓的沉稳风格，这是另一种门径；效法晚唐苏灵芝，这又是一种门径。从虞世南往上追溯到“二王”以及晋代六朝各位贤师，世人称之为“南派”；从李邕往上追溯到欧阳询、褚遂良以及魏、北齐各位贤师，世人称之为“北派”。你想要学习书法，必须探寻到两派之所以区别开来的差异：南派以神韵取胜，而北派则凭气势居长。宋代的四大书法家中，苏轼、黄庭坚接近于南派，米芾、蔡襄倾向于北派。至于到元初时的赵孟頫，则有要将南北两派合而为一的趋势。你如今学习书法，就应从赵体技法入门，将来要么趋向于南派，要么趋向于北派，都可以不至于迷惑而不知所往。我的先大夫竹亭公，年少时学习赵书，就已经秀骨天成。而在我们这一辈的兄弟五人中，在练字方面都下过苦工夫，其中数你沅叔资质最高。你假如能将前辈的事业发扬光大，则是我最期盼的了。

八股文一道，也须认真用功。邓瀛师是名手，你作文，在家中有邓老师批改,交到营中有李次非批改,极为难得,千万不要错过机会。付回赵书《楚国夫人碑》,可分别送给三位先生(汪、易、葛)、二个外甥及你的诸位堂兄弟。又有旧的宣纸手卷、新的宣纸横幅,你可学《书谱》,请徐柳臣一看。此嘱。

父涤生手谕

(咸丰九年三月二十三日)

[评析]

耐心讲解书法南北派别之异,为儿子指出学习书法的正确模仿路径,对儿子寄予殷切希望,望子成龙之心溢于言表。曾国藩自认为一生因写字太慢而误多事,所以对儿子练字要求分外严格,几乎每封信都会对儿子的书法进行评定,或褒扬,或勉励,或指正,拳拳父爱令人动容。

十二　谕纪泽(看书要有所选择)

字谕纪泽:

前次于诸叔父信中,复示尔所问各书帖之目。乡间苦于无书,然尔生今日,吾家之书,业已百倍于道光中年矣。买书不可不多,而看书不可不知所择。以韩退之为千古大儒,而自述其所服膺之书不过数种,曰《易》、曰《书》、曰《诗》、曰《春秋左传》、曰《庄子》、曰《离骚》、曰《史记》、曰相如、子云。柳子厚自述其所得,正者曰《易》、曰《书》、曰《诗》、曰《礼》、曰《春秋》,旁者曰《穀梁》、曰《孟》《荀》、曰《庄》《老》、曰《国语》、曰《离骚》、曰《史记》。二公所读之书,皆不甚多。

本朝善读古书者,余最好高邮王氏父子,曾为尔屡言之矣。今观怀祖先生《读书杂志》中所考订之书:曰《逸周书》、曰《战国策》、曰《史记》、曰《汉书》、曰《管子》、日《晏子》、曰《墨子》、曰《荀子》、曰《淮南子》、曰《后汉书》、曰《老》《庄》、曰《吕氏春秋》、曰《韩非子》、曰《杨子》、曰《楚辞》、曰《文选》,凡十六种,又别著《广雅疏证》一种。伯申先生《经义述闻》中所考订之书,曰《易》、曰《书》、曰《诗》、曰《周官》、曰《仪礼》、曰《大戴礼》、曰《礼记》、曰《左传》、曰《国语》、曰《公羊》、曰《穀梁》、曰《尔雅》，凡十二种。王氏父子之博，古今所罕，然亦不满三十种也。

余于《四书》、《五经》之外，最好《史记》、《汉书》、《庄子》、《韩文》四种，好之十余年，惜不能熟读精考。又好《通鉴》、《文选》及姚惜抱所选《古文辞类纂》。余所选《十八家诗钞》四种，共不过十余种。早岁笃志为学，恒思将此十余书贯串精通，略作札记，仿顾亭林、王怀祖之法。今年齿衰老，时事日艰，所志不克成就，中夜思之，每用愧悔。泽儿若能成吾之志，将《四书》、《五经》及余所好之八种一一熟读而深思之，略作札记，以志所得，以著所疑，则余欢欣快慰，夜得甘寝，此外别无所求矣。至王氏父子所考订之书二十八种，凡家中所无者，尔可开一单来，余当一一购得寄回。

学问之途，自汉至唐，风气略同；自宋至明，风气略同。国朝又自成一种风气，其尤著者，不过顾、阎（百诗）、戴（东原）、江（慎修）、钱（辛楣）、秦（味经）、段（懋堂）、王（怀祖）数人，而风会所扇，群彦云兴。尔有志读书，不必别标汉学之名目，而不可不一窥数君子之门径。凡有所见所闻，随时禀知，余随时谕答，较之当面问答，更易长进也。

（咸丰九年四月二十一日）

［译文］

字谕纪泽：

前次在写给你各位叔父的信中，又展示了你所问的各种书帖的名目。乡下苦于没有书，然而在你这个时代，我们家的书，比道光中期多百倍了。买书不可不多，但看书不可不知有所选择。以韩退之这样的千古大儒，尚且说自己衷心信服的书也不过少数几种，分别是《易经》、《尚书》、《诗经》、《春秋左传》、《庄子》、《离骚》、《史记》、司马相如、杨子云。柳子厚说自己所获益之书，正统的有《易经》、《尚书》、《诗经》、《礼记》、《春秋》，正统之外的有《穀梁传》、《孟子》《荀子》、《庄子》《老子》、《国语》、《离骚》、《史记》。这二位先生所读之书，皆不算多。

我们这个朝代善长读古书的人，我最喜欢高邮王氏父子，这曾经对你多次讲过了。如今看怀祖先生《读书杂志》中所考订的书包括：《逸周书》、《战国策》、《史记》、《汉书》、《管子》、《晏子》、《墨子》、《荀子》、《淮南子》、《后汉书》、《老子》、《庄子》、《吕氏春秋》、《韩非子》、《杨子》、《楚辞》、《文选》，一共十六种，又别著《广雅疏证》一种。伯申先生《经义述闻》中所考订之书，包括：《易经》、《尚书》、《诗经》、《周官》、《仪礼》、《大戴礼》、《礼记》、《左传》、《国语》、《公羊传》、《穀梁传》、《尔雅》，一共十二种。王氏父子的博学，从古到今十分罕见，然而也不满三十种。

我于《四书》、《五经》之外，最喜欢《史记》、《汉书》、《庄子》、《韩文》四种书，喜爱了十余年，可惜不能熟读与精细考证。又喜爱《通鉴》、《文选》和姚惜抱所选的《古文辞类纂》。我所选《十八家诗钞》四种，一共不过将近十种。年轻时有志于做学问，常常打算把这十几种书通读以至于精通，稍微做一些笔记，效仿顾亭林、王怀祖的方法。如今年龄渐老，时事也日渐艰难，曾经的志向不能完成了，夜里想起此事，心中不免后悔、惭愧。泽儿如果能完成我的志向，将《四书》、《五经》和我所喜爱的八种书一一熟读而加以深究，做一些笔记，以便把自己的所得和自己读书的疑惑记载下来，那么我会十分高兴和欣慰，夜里也能安心睡觉了，除此之外，别无所求了。至于王氏父子所考订的二十八种书，凡是家中没有的，你可开出一清单来，我会一一买来寄回。

做学问的方法，从汉代到唐代，风气大致相同；从宋代到明代，风气大致相同。到了本朝又形成一种新风气，其中最为突出的，不过是顾炎武、阎百诗、戴东原、江慎修、钱辛楣、秦味经、段懋堂、王怀祖数人，由于风气所鼓动，群贤俱兴。你有志于读书，不必去标榜汉学的名目，但不可不观察上面几位学者的方法。凡是有所心得，随时向我汇报，我会随时为你解答，这与当面问答相比，更容易使你进步。

（咸丰九年四月二十一日）

[评析]

读书要有法，不能盲目乱读。中国典籍浩繁，人生精力有限，故读书要会选择，要精读，不能走马观花。信中举出韩愈、柳宗元、王氏父子等人，以他们学问之博，一生不过读书几十种而已，以此指导纪泽读书一定要有所选择。并敦告纪泽自己年老日衰，精力不济，曾经做学问的志向不能实现，希望纪泽能完成己愿，可以看出曾国藩内心深处对学问的痴迷。

十三　谕纪泽(文人必有手抄词藻小本)

字谕纪泽:

尔作时文,宜先讲词藻。欲求词藻富丽,不可不分类钞撮体面话头。近世文人,如袁简斋、赵瓯北、吴榖人,皆有手钞词藻小本,此众人所共知者。阮文达公为学政时,搜出生童夹带,必自加细阅。如系亲手所钞,略有条理者,即予进学;如系请人所钞,概录陈文者,照例罪斥。阮公一代闳儒,则知文人不可无手钞夹带小本矣。昌黎之记事提要,纂言钩玄,亦系分类手钞小册也。尔去年乡试之文,太无词藻,几不能敷衍成篇,此时下手工夫,以分类手钞词藻为第一义。

尔此次复信,即将所分之类开列目录,附禀寄来。分大纲、子目,如伦纪类为大纲,则君臣、父子、兄弟为子目;王道类为大纲,则井田、学校为子目。此外各门,可以类推。尔曾看过《说文》、《经义述闻》,二书中可钞者多。此外如江慎修之《类腋》及《子史精华》、《渊鉴类函》,则可钞者尤多矣。尔试为之,此科名之要道,亦即学问之捷径也。此谕。

父涤生字

(咸丰九年五月初四日)

[译文]

字谕纪泽:

你作八股文,最好先讲究辞藻。要想辞藻富丽,不可不分类抄集典故、辞藻、名句之类的语言。近代的文人,如袁简斋、赵瓯北、吴榖人,都有手抄辞藻小本,这是大家都知道的。阮文达先生当学政的时候,搜检出学生带有小抄,必定亲自仔细审阅,如果是考生亲手所抄,并且较为有条理的,那么就让他中秀才;如果是请别人代抄旧文的,遵照常例要罪责。阮先生一代大儒,则知道文人不可没有手抄辞藻的小本。韩昌黎的记事提要,编纂文章和探求精深道理,也是分类手抄小册子。你去年参加乡试所作的文章，十分没有辞藻，几乎不能勉强成一篇文章，现在作文章的工夫，以分类手抄辞藻为最重要之事。

你这次回信，就要把所分之类的目录开列出来，和信一起寄来。分为大纲、子目，如伦常纲纪类为大纲，则君臣、父子、兄弟为细目；圣王之道为大纲，则井田、学校为细目。此外各门类，可依此类推。你曾经看过《说文解字》、《经义述闻》，这两种书中的内容可抄之处很多。此外如江慎修的《类腋》和《子史精华》、《渊鉴类函》，则可抄的内容尤其多。你尝试去做，这是科举功名的重要之道，也是做学问的捷径。此谕。

父涤生字

（咸丰九年五月初四日）

［评析］

大凡人之读书，只动眼不动笔，这样看完一书后就会忘记的很快。曾国藩认为，作八股文要讲究辞藻，而积累辞藻的重要方法就是抄集前人文章中的名句，以备已用。这种抄集辞藻之法，不仅能加深记忆，还能积累知识，十分有益。古之读书人最大的愿望就是走科举之路，曾国藩也不例外，希望纪泽能一举高中，为曾门争光，可以看出曾国藩对儿子寄有很大希望。

十四　谕纪泽（看书宜求个明白）

字谕纪泽儿：

接尔二十九、三十号两禀，得悉《书经注疏》看《商书》已毕。《书经注疏》颇庸陋，不如《诗经》之该博。我朝儒者，如阎百诗、姚姬传诸公，皆辨别《古文尚书》之伪，孔安国之传亦伪作也。盖秦燔书后，汉代伏生所传，欧阳及大小夏侯所习，皆仅二十八篇，所谓今文《尚书》者也。厥后孔安国家有《古文尚书》，多十余篇，遭巫蛊之事，未得立于学官，不传于世。厥后张霸有《尚书百两篇》，亦不传于世。后汉贾逵、马、郑作《古文尚书》注解，亦不传于世。至东晋梅赜始献《古文尚书》并孔安国传，自六朝唐宋以来承之，即今通行之本也。自吴才老及朱子、梅鼎祚、归震川,皆疑其为伪。至阎百诗遂专著一书以痛辨之,名曰《疏证》。自是辨之者数十家,人人皆称伪古文、伪孔氏也,《日知录》中略著其原委,王西庄、孙渊如、江艮庭三家皆详言之(《皇清经解》中皆有,江书不足观)。此亦《六经》中一大案,不可不知也。

尔读书记性平常,此不足虑。所虑者第一怕无恒,第二怕随笔点过一遍,并未看得明白,此却是大病。若实看明白了,久之必得些滋味,寸心若有怡悦之境,则自略记得矣。尔不必求记,却宜求个明白。

邓先生讲书,仍请讲《周易折中》。余圈过之《通鉴》,暂不必讲,恐污坏耳。尔每日起得早否?并问。此谕。

涤生手示

(咸丰九年六月十四日)

[译文]

字谕纪泽儿:

接你二十九、三十日两封来信,得知《书经注疏》已看完《商书》。《书经注疏》很浅陋,不如《诗经》博大完备。我朝大儒,如阎百诗、姚姬传等人都辨明《古文尚书》是伪书,孔安国所传,也是伪作。秦焚书以后,汉代伏生所传,欧阳和大小夏侯所讲授的仅有二十八篇,就是所谓今天《尚书》。以后孔安国家有《古文尚书》十多篇,但因遭巫蛊之祸,没有立于学官,所以不传于后世。以后张霸又有《尚书百两篇》,也不传于后世。后汉人贾逵、马、郑作《古文尚书》注释,也不传于后世。到了东晋梅赜献《古文尚书》并说为孔安国所传,自六朝唐宋以来一直沿袭下来,这就是现在的通行本,吴才老及朱子,梅鼎祚、归震川,都怀疑它是伪作。到了阎百诗就专门著书痛加辩驳,书名为《疏证》。以后辨伪的有数十家,都说这些是伪古文、伪孔氏。《日知录》中对这些原委略有说明,王西庄、孙渊如、江艮庭三家都讲得很详细(《皇清经解》中有江书,没有必要看)。这也是《六经》中的一大案件,不可不知。

你读书记性平常,这不用担心。所怕的第一是无恒,第二是随笔点过一遍,并未看明白,这可是大毛病。如果确实看明白了,时间长了定能体会其中的意味,心中就会出现心旷神怡的境界,那样再笔录下来。你不必追求笔录,但要求个明白。

邓先生讲书,仍请讲解《周易折中》。我圈阅过的《通鉴》,暂时不必讲解,唯恐弄脏弄坏。你每天起得可早?并问。此谕。

涤生手示

（咸丰九年六月十四日）

[评析]

曾国藩不愧是一位精通学问的大儒，对古《今尚书》的来龙去脉了如指掌，耐心地为儿子指点迷津。要求幼子读书贵在坚持，宜求明白，而非囫囵吞枣，一知半解，这的确是通晓学问的良计。

十五 谕纪泽（读经须读全）

字谕纪泽儿：

接尔七月十三、二十七日两禀，并赋一篇，尚有气势，兹批出发还（尚未批者，下次再发）。凡作文，末数句要吉祥；凡作字，墨色要光润。此先大夫竹亭公常以教余与诸叔父者，尔谨记之，无忘祖训。

尔问各条，分列示知：

尔问《五箴》末句"敢告马走"。凡箴以《虞箴》为最古（《左传·襄公》），其末曰"兽臣司原，敢告仆夫"。意以兽臣有司郊原之责，吾不敢直告之，但告其仆耳。扬子云仿之作《州箴》，冀州曰"牧臣司冀，敢告在阶"，扬州曰"牧臣司扬，敢告执筹"，荆州曰"牧臣司荆，敢告执御"，青州曰"牧臣司青，敢告执矩"，徐州曰"牧臣司徐，敢告仆夫"。余之"敢告马走"，即此类也。"走"犹仆也（见司马迁《任安书》注、班固《宾戏》注）。朱子作《敬箴》，曰"敢告灵台"，则非仆御之类，于古人微有歧误矣。凡箴以官箴为本，如韩公《五箴》、程子《四箴》、朱子各箴、范浚《心箴》之属，皆失本义，余亦相沿失之。

尔问看注疏之法，"《书经》文义奥衍，注疏勉强牵会"，二语甚有所见。《左疏》浅近，亦颇不免。国朝如王西庄（鸣盛）、孙渊如（星衍）、江艮庭（声）皆注《尚书》，顾亭林（炎武）、惠定宇（栋）、王伯申（引之）皆注《左传》，皆刻《皇清经解》中。《书经》则孙注较胜，王、江不甚足取。《左传》则顾、惠、王三家俱精。王亦有《书经述闻》，尔曾看过一次矣。大抵《十三经注疏》以《三礼》为最善,《诗疏》次之,此外皆有醇有驳。尔既已看动数经,即须立志全看一过,以期作事有恒,不可半途而废。

尔问作字换笔之法,凡转折之处,如𠃍亅𠃊乚之类,必须换笔,不待言矣。至并无转折形迹,亦须换笔者:如以一横言之,须有三换笔(——末向上挑,所谓磔也;中折而下行,所谓波也;右向上行,所谓勒也;初入手,所谓直来横受也);以一直言之,须有两换笔(——直横入,所谓横来直受也;上向左行,至中腹换而右行,所谓努也);捺与横相似,特末笔磔处更显耳(——直波磔入);撇与直相似,特末笔更撤向外耳(——横入停掠)。凡换笔,皆以小圈识之,可以类推。凡用笔,须略带欹斜之势:如本斜向左,一换笔则向右矣;本斜向右,一换则向左矣。举一反三,尔自悟取可也。

李春醴处,余拟之八十金,若家中未先送,可寄信来。凡家中亲友有庆吊之事,皆可寄信,由营致情也。

涤生手示(黄州)

(咸丰九年八月十二日)

[译文]

字谕纪泽儿:

接你七月十三、二十七日两信及赋一篇,文笔还有气势,现批改寄回(还未批改的,下次再寄)。凡是做文章,末尾几句要吉祥;凡是写字,墨色要光润,这是先大夫竹亭公经常教诲我和诸位叔父的。你谨记之,不忘祖训。

你所问的各项,现分条告知:

你问《五箴》最后一句"敢告马走"。凡箴以《虞箴》为最古(《左传·襄公》),最后一句是"鲁臣司原,敢告仆夫"。意思是鲁臣有管理郊原的职责。我不敢直接告知,只告诉他的仆人。扬子云模仿作《州箴》。冀州"牧臣司冀,敢告在阶";扬州"牧臣司扬,敢告执筹"。荆州"牧臣司荆,敢告执御"。青州"牧臣司青,敢告执矩"。徐州"牧臣司徐,敢告仆夫"。我的"敢告马走",就是这类的文字。走就是仆的意思(见司马迁《任安书》注,班固《宾戏》注)。朱子作《敬箴》,"敢告灵台"就不是讲仆御之类了,在古人来说有些小误会。凡是箴以官箴为本,如韩公《五箴》、程子《四箴》、朱子各箴、范浚《心箴》之类,都失去本义,我也是相沿失去本义。

你问看注疏的方法，说“《书经》文义奥衍，注疏勉强牵会”，这两句话很有见解。《左传注疏》很浅显，也不免这样。国朝如王西庄（鸣盛）、孙渊如（星衍）、江艮庭（声）都注释《尚书》，顾亭林（炎武）、惠定宇（栋）、王伯申（引之）都注释《左传》，全刻在《皇清经解》中。《书经》是孙注较好，王、江不足取。《左传》顾、惠、王三家都很精深。王还有《书经述闻》，你也曾看过一次。大致上说《十三经注疏》以《三礼》为最好，《诗疏》次之，此外都有好有坏。你既然已看过数部经书，就应立志全看一遍，以达到做事有恒，不可半途而废。

你问写字换笔的方法，凡是转折之外，如“ㄱ亅LL”之类，必须换笔，这不用说了。至于没有转折形迹的地方，也有须换笔的。如以一横来说，须有三次换笔（〰——末笔向上挑，就是磔；中折后下行，就是波；右向上行，至中间换而右行，就是勒，初起笔是所谓直来横变）。如以一直来说，须有两次换笔（了°——直横入，就是所谓横来直受；上向左行，至中间换而右行，就是努）。捺与横相似，只有末笔磔处更明显（〰——直波磔入）。撇与直相似，只是末笔更撇向外边（了°——停掠横入）。凡是换笔，都以小圈识别，可依此类推。凡是用笔，须略带倾斜之势，如本来斜向左，一换笔就转向右了；本来斜向右，一换笔就转向左了，举一反三，你自已体会就行了。

李春醴之处，我准备送银八十两。如果家中还未送，可以寄信来。以后凡是家中亲友有红白喜事，都可寄信来营，由营送礼致情。

涤生手示（黄州）

（咸丰九年八月十二日）

［评析］

父子二人通过书信品评学问，探讨学术，着实令令人不胜佩服。曾国藩建议儿子立志看遍经书，因为他希望儿子做一个知书达理的君子，读遍经书正是知书达理的必要步骤。曾国藩不厌其烦地为儿子阐释写字的方法，这封信中提出作字须换笔，对我们今日练字也有极好的指导意义。

十六　谕纪泽（将儿女婚嫁早早料理）

字谕纪泽：

二十一日得家书，知尔至长沙一次，何不寄安禀来营？

婚期改九月十六，余甚喜慰。余老境侵寻，颇思将儿女婚嫁早早料理。袁漱六亲家患咯血疾，昨专人走松江看视，若得复元，吾即思明春办大女儿嫁事。袁铁庵来我家时，尔禀问母亲，可以吾意商之。

京中书到时，有胡刻《通鉴》一部，留家中讲解，即将吾圈过一部寄来营可也。又汲古阁初印《五代史》一部，亦寄来。皮衣等件，速速寄来。吾买帖数十部，下次寄尔。此谕。

（咸丰九年九月二十四日）

［译文］

字谕纪泽：

二十一日得到家书，得知你到长沙一次，为何不寄报平安的信来营？

婚期改到九月十六日，我十分欣慰。我年龄渐趋衰老，很想把儿女的婚嫁之事早早料理完。袁漱六亲家患咯血病，昨天专门让人去松江看视，如果康复的话，我就想明年春天办理大女儿出嫁之事。袁铁庵来我们家时，你禀问母亲，可以按我的意思与他商量。

京中书到时，有胡刻《通鉴》一部，留在家中讲解，只把我圈过的一部寄到营中来。还有汲古阁初印《五代史》一部，也寄来。皮衣等物件，快速寄来。我买了字帖数十部，下次寄给你。此谕。

（咸丰九年九月二十四日）

［评析］

儿女的终身大事是所有父母心中的一个结，曾国藩自觉日益衰老，而儿女婚嫁尚未完成，颇思早日料理。又体谅亲家身体有疾，但望尽快复原，在明春为女儿办理婚事。自古可怜父母心，曾国藩作为一家之长，一国之臣，在家庭和国家之间义无反顾地承担自己的责任，令人敬佩。

十七　谕纪泽(早起、有恒、稳重)

字谕纪泽儿:

接尔十九、二十九日两禀,知喜事完毕,新妇能得尔母之欢,是即家庭之福。

我朝列圣相承,总是寅正即起,至今二百年不改。我家高曾祖考相传早起,吾得见竟希公、星冈公皆未明即起,冬寒起坐约一个时辰,始见天亮。吾父竹亭公亦甫黎明即起,有事则不待黎明,每夜必起看一二次不等,此尔所及见者也。余近亦黎明即起,思有以绍先人之家风。尔既冠授室,当以早起为第一先务,自力行之,亦率新妇力行之。

余生平坐无恒之弊,万事无成,德无成,业无成,已可深耻矣。逮办理军事,自矢靡他,中间本志变化,尤无恒之大者,用为内耻。尔欲稍有成就,须从"有恒"二字下手。

余尝细观星冈公,仪表绝人,全在一"重"字。余行路容止亦颇重厚,盖取法于星冈公。尔之容止甚轻,是一大弊病,以后宜时时留心,无论行坐,均须重厚。早起也,有恒也,重也,三者皆尔最要之务。早起是先人之家法,无恒是吾身之大耻,不重是尔身之短处,故特谆谆戒之。

吾前一信答尔所问者三条,一字中换笔,一"敢告马走",一注疏得失,言之颇详,尔来禀何以并未提及?以后凡接我教尔之言,宜条条禀复,不可疏略。此外教尔之事,则详于寄寅皆先生看读写作一缄中矣。此谕。

(咸丰九年十月十四日)

[译文]

字谕纪泽儿:

收到你十九、二十九日两次来信,得知喜事已经办完。新媳妇能得到你母亲的欢心，这是全家的福气。

我朝历代圣哲相传承的，总是寅正就起床，至今两百年不变，我家从高曾祖父就早起，我曾见过竟希公、星冈公全都是天没亮就起床，冬天起床大概坐一个时辰，天才亮。我父亲竹亭公也是黎明就起床，假如有事情还不到黎明就起床，每天夜里要起床看时辰一二次，这是你曾看到的。我近几年来也是黎明就起床，想必是传承先人的家风。你既然已成人结婚，也应以早起为第一要事，尽力去做到它，也要让新媳妇去尽力做到。

我一生的缺点是没恒心，诸事无成。德无成，业无成，深感内疚。直到操办军机事务，取代了其余志向，这中间我本来的志向发生了变化，更显现出缺乏恒心的大问题，内心更感羞耻。你想要有些成就，必须从“有恒”两字下工夫。

我曾经仔细观察星冈公之所以仪表绝人，全在一个重字。我走路神情举止也较稳重敦实，就是从星冈公身上学来的。你的容颜举止很轻浮，这是一个大毛病，以后须时刻注意。无论是行走起坐，都要稳重。早起、有恒、稳重这三个方面是你当前最重要的。早起是先辈的家法，没有恒心是我的羞耻，缺乏稳重是你的缺点，因此特别谆谆训导你把它们记在心上。

我上封信回答你问的三条：一是写字中途换笔，二是“敢告马走”，三是注疏得失，讲得很详细，你回信怎么没提到？今后凡是接到我教你的言论，都要一条一条地答复，不可疏忽大意。除此之外我教你的东西，更详细地写在我给寅皆先生有关看读写作的一封信中。此谕。

（咸丰九年十月十四日）

［评析］

要求儿子秉承先人遗风，以早起为第一要事，这是对儿子的一种磨炼。曾国藩自己从文转武，自觉缺乏恒心，故殷切教导儿子要有恒，认为如此方能取得成就。针对儿子轻浮的毛病，曾国藩又提出行走起坐，都要稳重。早起、有恒、稳重，曾国藩教子甚严，也正是他严厉的家风，才最终使曾家后代人才辈出。

十八 谕纪泽(治家八事不可缺)

字谕纪泽:

初一日接尔十六日禀,澄叔已移寓新居,则黄金堂老宅,尔为一家之主矣。昔吾祖星冈公最讲求治家之法:第一起早;第二打扫洁净;第三诚修祭祀;第四善待亲族邻里,凡亲族邻里来家,无不恭敬款接,有急必周济之,有讼必排解之,有喜必庆贺之,有疾必问,有丧必吊。此四事之外,于读书、种菜等事尤为刻刻留心。故余近写家信,常常提及书、蔬、鱼、猪四端者,盖祖父相传之家法也。尔现读书无暇,此八事纵不能一一亲自经理,而不可不识得此意,请朱运四先生细心经理,八者缺一不可。其诚修祭祀一端,则必须尔母随时留心,凡器皿第一等好者留作祭祀之用,饮食第一等好者亦备祭祀之需。凡人家不讲究祭祀,纵然兴旺,亦不久长,至要,至要!

尔所论看《文选》之法,不为无见。吾观汉魏文人,有二端最不可及:一曰训诂精确,二曰声调铿锵。《说文》训诂之学,自中唐以后,人多不讲,宋以后说经,尤不明故训。及至我朝巨儒,始通小学,段茂堂、王怀祖两家,遂精研乎古人文字声音之本,乃知《文选》中古赋所用之字,无不典雅精当。尔若能熟读段、王两家之书,则知眼前常见之字,凡唐宋文人误用者,惟《六经》不误,《文选》中汉赋亦不误也。即以尔禀中所论《三都赋》言之,如"蔚若相如,皭若君平",以一"蔚"字该括相如之文章,以一"皭"字该括君平之道德,此虽不尽关乎训诂,亦足见其下字之不苟矣。至声调之铿锵,如"开高轩以临山,列绮窗而瞰江","碧出苌弘之血,鸟生杜宇之魄,"洗兵海岛,刷马江洲","数军实乎桂林之苑,飨戎旅乎落星之楼"等句,音响节奏,皆后世所不能及。尔看《文选》,能从此二者用心,则渐有入理处矣。

作梅先生想已到家,尔宜恭敬款接。沅叔既已来营,则无人陪往益阳,闻胡宅专人至吾乡迎接,即请作梅独去可也。尔舅牧云先生身体不甚耐劳,即请其无庸来营。吾此次无信,尔先致吾意,下次再行寄信。此嘱。

（咸丰十年闰三月初四日）

［译文］

字谕纪泽:

初一日收到你十六日的来信,知晓澄叔已经住进新房了,因而黄金堂的老房子,你就成为一家之主了。以前我的祖父星冈公最讲究治家的方式,第一是早起,第二是把屋子打扫得干净整洁,第三是虔诚地祭祀,第四是善待族人乡亲。但凡亲戚邻里来家中,每个都恭恭敬敬地招待,有急事必定给他们以周济,有纠纷必定会去帮他们解决,有喜庆的事必定会去庆祝,有丧事必定会去吊唁。除了这四件事情以外,在读书、种菜等事上更是处处留心,因此我这段时间写信,经常提到书、蔬、鱼、猪这四件事,这是祖父传下来的家道。你如今读书而没有空闲的时候,这八件事你不能每件都亲自处理,但是一定要明白此意。请朱运四先生用心经营,这八者缺一不可。诚心诚意祭祀这件事,也必须叫你母亲时时刻刻放在心上。但凡最好的器具必须留下来作为祭祀用,最好的食品也必须为祭祀准备。但凡不讲究祭祀的人家,即便兴隆,也不会很长久的。至关重要。

你所阐述的看《文选》的方法不是没有见解。我看汉魏文人,有两点是最不容易涉及:一是训诂精确,二是声调铿锵。《说文》是训诂的学问,自从中唐之后很多人都不讲了,宋代以后讲经更加不讲究训诂,到了我朝巨儒开始精通小学。段懋堂、王怀祖两家,就精心砧研古人文字声音的基准,才明白《文选》中古赋所用的字,每个都是典雅精当的。你倘若能熟读段、王两家的书,就明白如今常用的字都是唐宋的文人错用的。只有《六经》没有错,《文选》中的汉赋也没错。就以你信中讲的《三都赋》来说,如“蔚若相如,皭若君平”这两句话中,用一个“蔚”字概括相如的文章,用一个“皭”字概括君平的道德,这即便不全是关于训诂的,但也表明他用字是一丝不苟的。至于声调的铿锵,如“开高轩以临山,列绮窗而瞰江”,“碧出苌弘之血,鸟生杜宇之魄”,“洗兵海岛,刷马江洲”,“数军实乎桂林之苑,飨戎旅乎落星之楼”等句子,音调节律,都是后世文人所不能及的。你看《文选》,可以从这两个方面下工夫,就能慢慢领会它的精当之处。

作梅先生应该已经到我们家了,你应恭敬地招待他。沅叔既然已经来营中,那就没人陪他前往益阳,听说胡家特意派人到我们家乡迎接,那就请作梅先生一个人去也可以。你舅父牧云先生身体不太好,那就叫他不要到营中来了。我这次没给他写信,你先向他转告我的想法,下次再给他写信。特此叮嘱。

(咸丰十年闰三月初四日)

[评析]

曾国藩作为儒家文化的忠实拥护者,不忘教诲子孙严格治家,诚心祭祀,他秉承修身齐家治国平天下的古训,对儿子治家要求甚严,甚至在家境富裕的情况下,还要求儿子牢记书、蔬、鱼、猪,实在是值得今日无限度宠溺儿女的父母深思。

十九　谕纪泽(举止要"厚",行文要"适")

字谕纪泽儿:

二十七日刘得四到,接尔禀,所议论《文选》俱有所得,问小学亦有条理,甚以为慰。沅叔于二十七到宿松,初三日由宿至集贤关,将尔禀带去矣,余不能悉记,但记尔问"穜"、"種"二字。此字段茂堂辨论甚晰,"穜"为艺也(犹吾乡言"栽"也,"点"也,"插"也),"種"为后熟之禾。《诗》之"黍稷重穋"(《七月闷宫》),《说文》作"種稑"。"種",正字也;"重",假借字也;"穋"与"稑",异同字也。隶书以"穜""種"二字互易,今人于耕穜。概用種字矣。

吾于训诂、词章二端,颇尝尽心。尔看书若能通训诂,则于古人之故训大义、引伸、假借渐渐开悟,而后人承讹袭误之习可改;若能通词章,则于古人之文格、文气、开合转折渐渐开悟,而后人硬腔滑调之习可改。是余之所厚望也。嗣后尔每月作三课,一赋、一古文、一时文,皆交长夫带至营中,每月恰有三次长夫接家信也。

吾于尔有不放心者二事:一则举止不甚重厚,二则文气不甚圆适。以后举止留心一"重"字,行文留心一"圆"字。至嘱。

涤生手示

四月题:《赤壁破曹军赋》(以“周瑜纵火烧曹兵于赤壁下”为韵);《后汉党锢论》;《以善养人然后能服天下》。

(咸丰十年四月初四日)

[译文]

字谕纪泽儿:

二十六日刘得四到。接你信,所说论《文选》具有所得,所问小学也有条理。甚以为慰。沅叔于二十七日到宿松,初三由宿至集贤关,将你的信带去。我记不全了,只记得你问“穜”、“種”二字。这个字段茂堂辩论得很清楚。“穜”为农艺(就像我乡人说栽、点、插)。“種”为熟后的禾。《诗》中的“黍稷重穋”(《七月豳官》)《说文》说作“種稑”。“種”是正字,重是假借字。穋和稑是异体字。隶书将“穜”、“種”二字互换,今人讲耕種,都用種字。

我对于训诂、词章两方面都曾下过工夫。你看书如能懂得训诂,那么对于古人讲的故训大义,引申、假借渐渐领悟,面对后人承论袭误的习惯可得到改正。如果能懂得词章,那么对于古人的文格文气,开合转折渐渐领悟,而对后人硬腔滑调的习惯可得到改正。这是我对你的厚望。以后你每月作三课,一篇赋,一篇古文,一篇时文,都交给长夫带到营中,每月正好有三次长夫传接家信。

我对于你有二件事不放心:一是举止不甚厚重;二是文气不甚圆合。以后举止留心一个“重”字,行文留心一个“圆”字。至嘱。

涤生手示

四月题目:

《赤壁破曹军赋》(以“周瑜纵火烧曹兵于赤壁下”为韵);《后汉党锢论》;《以善养人然后能服天下》。

(咸丰十年四月初四日)

[评析]

知子莫如父,曾国藩在军营之中,仍不放心儿子的举止不甚重厚,文气不甚圆适,再三叮嘱举止要“重”,行文要“圆”。举止稳重方能成大事,学问圆通方能成大家,曾国藩对儿子报以重望,“至嘱”更见望子成龙之心迫切。

二十　谕纪泽(写作要珠圆玉润)

字谕纪泽儿:

十六日接尔初二日禀并赋二篇,近日大有长进,慰甚。

无论古今何等文人,其下笔造句,总以“珠圆玉润”四字为主。无论古今何等书家,其落笔结体,亦以“珠圆玉润”四字为主。故吾前示尔书,专以一“重”字救尔之短,一“圆”字望尔之成也。世人论文家之语圆而藻丽者,莫如徐(陵)、庾(信),而不知江(淹)、鲍(照)则更圆,进之沈(约)、任(昉)则亦圆,进之潘(岳)、陆(机)则亦圆,又进而溯之东汉之班(固)、张(衡)、崔(骃)、蔡(邕)则亦圆,又进而溯之西汉之贾(谊)、晁(错)、匡(衡)、刘(向)则亦圆。至于马迁、相如、子云三人,可谓力趋险奥,不求圆适矣,而细读之,亦未始不圆。至于昌黎,其志意直欲陵驾子长、卿、云三人,戛戛独造,力避圆熟矣,而久读之,实无一字不圆,无一句不圆。尔于古人之文,若能从江、鲍、徐、庾四人之圆步步上溯,直窥卿、云、马、韩四人之圆,则无不可读之古文矣,即无不可通之经史矣,尔其勉之!余于古人之文,用功甚深,惜未能一一达之腕下,每歉然不怡耳。

江浙贼势大乱,江西不久亦当震动,两湖亦难安枕。余寸心坦坦荡荡,毫无疑怖,尔禀告尔母,尽可放心。人谁不死?只求临终心无愧悔耳。家中暂不必添起杂屋,总以安静不动为妙。

寄回银五十两,为邓先生束脩。四叔、四婶四十生日,余先寄燕窝一匣、秋罗一匹,容日[后]续寄寿屏。甲五婚礼,余寄银五十两,袍褂料一付,尔即妥交。赋二篇发还。

涤生手示

(咸丰十年四月二十四日)

[译文]

字谕纪泽儿:

十六日接到你初二来信并赋二篇，看你近来大有长近，慰甚。

从古至今，无论是什么样的文人，他们动笔写作，总是以文辞流畅明快的“珠圆玉润”四字为主。从古到今，无论是什么样的书法家，他们下笔布局，也以“珠圆玉润”四字为主。因此我之前写给你的信，专门用一个“重”字来弥补你的缺点，用一个“圆”字期望你的文有成。人们评论文章大家中语言圆润、辞藻华丽的，莫不是举出徐陵、庾信，却不知道江淹、鲍照语言则更圆润，往前看沈约、任昉语言则也圆润，再往前看潘岳、陆机语言，则也圆润，又进一步追溯到东汉的班固、张衡、崔骃、蔡邕语言则也圆润，再进一步追溯到西汉的贾谊、晁错、匡衡、刘向也都是讲求圆润的。至于司马迁、司马相如、扬雄三位，可以说竭力追求奇险、深奥，而不讲求圆润恰当了；可是认真读了，发现也不是不圆润。至于韩愈，他的造诣简直要超出司马迁、司马相如和扬雄三人之上，追求独创，而尽力避免圆熟了；可读得久了，又觉得事实上没有一个字不圆润，没有一句话不圆润。你对于古人的文章，倘若能从江淹、鲍照、徐陵、庾信四人圆润的语言风格中一步一步往上追溯，一直探求到司马相如、扬雄、司马迁、韩愈四人圆润的语言风格，就会觉得没有什么不能读的古文了，也没有什么不能通晓的经籍史书了。你应当以此为勉！你要努力，我对古文下工夫很深，可惜不能通达，常常歉然不快。

江浙地区敌军大乱，江西不久也当受到震动，两湖也难安枕。我心中坦然，毫无恐怖疑虑。你禀告你母亲尽可放心，人谁不死，只求得临终时问心无愧。家中暂时也不必添造杂屋，总要以安静不动为好。

寄回银子五十两，是邓先生的酬金。四叔四婶四十岁生日，我先寄回燕窝一匣、秋罗一匹，以后再续寄寿屏。甲五的婚礼，我寄银子五十两、袍褂料子一匹，你及时交付给他们。你作的赋也一起寄回。

涤生手示

（咸丰十年四月二十四日）

［评析］

从自己的读书经验中总结出古人写作文辞特点莫不是“珠圆玉润”，勉励儿子以此为作文追求，是对儿子读书写作提出的一个新要求，足见曾国藩教人读书之循循善诱，循序渐进。

二十一　谕纪泽纪鸿(努力读书不怕没饭吃)

字谕纪泽、纪鸿儿:

泽儿在安庆所发各信及在黄石矶湖口之信,均已收到。鸿儿所呈拟连珠体寿文,初七日收到。

余以初九日出营,至黟县查阅各岭,十四日归营,一切平安。鲍超、张凯章二军自二十九、初四获胜后,未再开仗。杨军门带水陆三千人至南陵,破贼四十余垒,拔出陈大富一军,此近日最可喜之事。英夷业已就抚。余九月六日请带兵北援一疏,奉旨无庸前往,余得一意办东南之事,家中尽可放心。

泽儿看书天分高,而文笔不甚劲挺,又说话太易,举止太轻,此次在祁门为日过浅,未将一"轻"字之弊除尽,以后须于说话走路时,刻刻留心。鸿儿文笔劲健,可慰可喜。此次连珠文,先生改者若干字?拟体系何人主意?再行详禀告我。

银钱田产最易长骄气逸气,我家中断不可积钱,断不可买田。尔兄弟努力读书,决不怕没饭吃。至嘱!

澄叔处此次未写信,尔禀告之。闻邓世兄读书甚有长进,顷阅贺寿之单帖、寿禀,书法清润,兹付银十两为邓世兄(汪汇)买书之资。此次未写信寄寅阶先生,前有信留明年教书,仍[应]收到矣。

(咸丰十年十月十六日)

[译文]

字谕纪泽、纪鸿儿:

泽儿在安庆、黄石矶、湖口所发各信都已收到。鸿儿呈上的连珠体寿文初七收到。

我于初九出营到黟县巡查各岭防务,十四日回营,一切平安。鲍超、张凯章二军从二十九、初四打了胜仗之后没有再开战。杨军门率领水陆军兵三千多人到南陵,攻破敌军营垒四十多座,救出陈大富一军。这是近日最可喜的消息。英国洋鬼子已经接受安抚,我九月六日请求带兵北援的奏书,已经奉旨不必前往。我将一心经办东南事态,家中尽可以放心。

泽儿读书的天分很高,但文笔却不是很有功力,又说话太随便,举止太轻浮。这次在祁门的时间太少,没有将轻浮改正,以后要在说话走路上时时留心。鸿儿的文笔刚健,可慰可喜。这次写的连珠文,先生改了多少字?体系是谁的主意?要再次详细禀告我。

有了银钱、田产最容易滋长骄气惰性,我们家中断断不可积蓄银钱,不可买田产,你兄弟努力读书,绝不怕没饭吃。至嘱。

澄叔那里我这次没有写信,你们禀告他。听说邓世兄读书很有长进,刚才看了贺寿的单帖寿禀,书法清润,现送银十两,作为世兄(汪汇)买书的钱。这次没有写信给寅阶先生,上次有信请明年留下继续教书,才收到。

(咸丰十年十月十六日)

[评析]

曾国藩自幼家境贫寒,十年寒窗苦读方得以进入仕途,在官场中摸爬滚打数年才又由文转武,获得今日的地位。因此他深恐儿女坐享其成,养成纨绔子弟的陋习,故而在信中严禁家人积蓄银钱,买进田产,督促儿子用功读书,将来总有饭吃。俗语"富不过三代",假令富贵人家的父母都能清醒地认识到富贵生淫逸,培养儿女自食其力,恐怕就不会出现后人露宿街头的悲剧了吧。

二十二　谕纪泽纪鸿(举止要重,发言要讱)

字谕纪泽、纪鸿儿:

十月二十九日接尔母及澄叔信,又棉鞋、瓜子二包,得知家中各宅平安。泽儿在汉口阻风六日,此时当已抵家。"举止要重,发言要讱",尔终身要牢记此二语,无一刻可忽也。

余日内平安,鲍、张二军亦平安。左军二十日在贵溪获胜一次,二十九日在德兴小胜一次。然贼数甚众,尚属可虑。普军在建德,贼以大股往扑。只要左、普二军站得住，则处处皆稳矣。

泽儿字，天分甚高，但少刚劲之气，须用一番苦工夫，切莫把天分自弃了。家中大小，总以起早为第一义。澄叔处此次未写信，尔等禀之。

涤生手示

（咸丰十年十一月初四日）

［译文］

字谕纪泽、纪鸿儿：

十月二十九日收到你母亲和澄叔的信，还有棉鞋、瓜子两包，得知家中各宅平安。泽儿在汉口因大风耽搁六天，此时应该已到家。“举止要稳重，说话要迟缓”，你要终身牢牢记住这两句话，不能一刻忽视。

我目前一切安好，鲍、张两军也平安。左军二十日在贵溪获胜一次，二十九日在德兴小胜一次。然而贼军人数太多，还是使人忧虑。普军在建德，贼军以大队人马往战。只要左、普两军抵抗的住，则处处都安稳了。

纪泽的字有很高的天分，唯独缺少刚劲之气，只有努力用功才是，否则再好的天分也没用。家中老小，切记以“早起”为第一要义。这次没给澄叔写信，请你等告之。

涤生手示

（咸丰十年十一月初四日）

［评析］

曾国藩十分重视修身，对后辈这点要求也很严，他知道纪泽举止有时不太稳重，说话有时轻巧。因此告诫纪泽“举止要重，发言要讱”，并要求他要终身记住此话。可以看出曾国藩对后辈要求之严。

二十三　谕纪泽（勿轻服药，饭后千步步）

字谕纪泽儿：

曾名琮来，接尔十一月二十五日禀，知十五、十七尚有两禀未到。尔体甚弱，咳吐咸痰，吾尤以为虑，然总不宜服药。药能活人，亦能害人。良医则活人者十之七,害人者十之三;庸医则害人者十之七,活人者十之三。余在乡在外,凡目所见者,皆庸医也。余深恐其害人,故近三年来,决计不服医生所开之方药,亦不令尔服乡医所开之方药。见理极明,故言之极切,尔其敬听而遵行之。

每日饭后走数千步,是养生家第一秘诀。尔每餐食毕,可至唐家铺一行,或至澄叔家一行,归来大约可三千余步。三个月后,必有大效矣。

尔看完《后汉书》,须将《通鉴》看一遍,即将京中带回之《通鉴》,仿照余法,用笔点过可也。尔走路近略重否?说话略钝否?千万留心!此谕。

涤生手示

(咸丰十年十二月二十四日)

[译文]

字谕纪泽儿:

曾名琮来了,接到你十一月二十五日的来信,知晓还有十五日、十七日写的两封信没有收到。你体质很弱,咳嗽伴有痰,我非常担忧,但是不能总吃药。药能把人救活,但也能危害于人。良医能救活的人十分有七,害死的人也十分有三;而庸医却是害死的人十分有七,救活的人只十分有三。我在家乡和外面,但凡亲眼所见的都是庸医。我很担忧他们会对人有害,因此近三年来从不吃医生所开的药,也不让你们吃乡下医生所开的药。由于对道理看得很明白,因此说起来也很真切,你们一定要听我的话,照着去实行。

每天饭后走上几千步,是养生的首要秘诀。你每顿饭后,可以到唐家铺走一走,也可以到澄叔家走一走,来回大概有三千多步,三个月以后一定会大有见效。

你看完《后汉书》后,一定要把《通鉴》看一遍。就把我从京城里带回的《通鉴》依照我的做法,用笔画点一遍。你近来走路是不是稳健些了?说话是不是谨慎些了?一定要注意。此谕。

涤生手示

(咸丰十年十二月二十四日)

[评析]

孩子生病,父亲不能在身边照顾,只能写信寄托关切之情。曾国藩对儿子的身体担忧，但并不建议儿子多吃药，或许是见了太多医药误伤病人的事情，不希望儿子反被药害。提出饭后千步走的养生之道，可供今人借鉴。

二十四　谕纪泽（文章雄奇在于行气造句选字）

字谕纪泽儿：

腊月二十九日接尔一禀，系十一月十四日送家信之人带回，又由沅叔处送到尔初归时二信，慰悉。尔以十四日到家，而鸿儿十八日禀中言尔总在日内可到，何也？岂鸿信十三四写就而朱金权于十八日始署封面耶？霞仙先生之令弟仙逝，余于近日当写唁信，并寄奠仪。尔当先去吊唁。

尔问文中雄奇之道。雄奇以行气为上，造句次之，选字又次之。然未有字不古雅而句能古雅，句不古雅而气能古雅者，亦未有字不雄奇而句能雄奇，句不雄奇而气能雄奇者。是文章之雄奇，其精处在行气，其粗处全在造句选字也。余好古人雄奇之文，以昌黎为第一，扬子云次之。二公之行气，本之天授。至于人事之精能，昌黎则造句之工夫居多，子云则选字之工夫居多。

尔问叙事志传之文难于行气，是殊不然。如昌黎《曹成王碑》、《韩许公碑》，固属千奇万变，不可方物，即"卢夫人之铭"、"女挐之志"，寥寥短篇，亦复雄奇崛强。尔试将此四篇熟看，则知二大二小，各极其妙矣。

尔所作《雪赋》，词意颇古雅，惟气势不畅，对仗不工。两汉不尚对仗，潘、陆则对矣，江、鲍、庾、徐则工对矣，尔宜从对仗上用工夫。此嘱。

涤生手示

（咸丰十一年正月初四日）

［译文］

字谕纪泽儿：

腊月二十九日收到你一封禀贴，是十一月十四日送家信的人带回来的，又从沅叔那里得到你当初回来时的两封信，都欣慰地阅读了。你是十四日到家，而鸿儿十八日信中说你会在近日内可到，为何？难道鸿儿的信十三四日写好而朱金权于十八日才写封面吗？霞仙先生的弟弟去世了，我于近日会写吊唁信，并寄去祭奠的财物。你应该先去吊唁。

你问做雄奇文章的方法。雄奇以行气最重要，造句次之，选字又次之。然而没有字不古雅而句子能古雅，句子不古雅而气能古雅的，也没有字不雄奇而句子能雄奇，句子不雄奇而气能雄奇的。文章的雄奇之风，其精要之处在于行气，其粗略之处在造句选字。我所喜爱的古人雄奇之文，以韩昌黎为第一，扬子云第二。二位先生之行气，是与生俱有的秉赋。至于人力能做到的事，韩昌黎则造句的工夫多一些，扬子云则选字的工夫多一些。

你说叙述事件和铭、志之类的文章难于行气，事实并非如此。如韩昌黎《曹成王碑》、《韩许公碑》，本来就是千奇万变，不可名状之文，即使是“卢夫人之铭”、“女挐之志”，寥寥短篇，也一样是雄奇崛强。你尝试把这四篇文章熟看，就会知道两大两小，各有其妙处。

你所作的《雪赋》，词意颇为古雅，只是气势不顺畅，对仗不工整。两汉文章不崇尚对仗，潘岳、陆机之文则是对仗的，江淹、鲍照、庾信、徐陵的文章对仗则是工整的，你适于从对仗上下工夫。此嘱。

涤生手示

（咸丰十一年正月初四日）

［评析］

曾国藩无论是书法还是文章，都以雄奇、刚健、有气势为美。信中全面说明了做雄奇之文的方法：雄奇以行气最重要，造句次之，选字又次之，但也不可重此轻彼，要全面掌握。最后曾国藩又对纪泽所作的《雪赋》给予评价，指出其不足之处，并指导其改正。有父亲这样一位好老师，后辈真是十分幸运！

二十五　谕纪泽（扬长补短）

字谕纪泽儿：

正月初十日接尔腊月十九日一禀，十二日又由安庆寄到尔腊月初四日之禀，具知一切。长夫走路太慢，而托辞于为营中他信绕道长沙耽搁之故，此不足信。譬如家中遣人送信至白玉堂，不能按期往返，有责之者，则曰被杉木坝、周家老屋各佃户强我送担耽搁了，为家主者但当严责送信之迟，不管送担之真与否也，况并无佃户强令送担乎？营中送信至家与黄金堂送信至白玉堂，远近虽殊，其情一也。

尔求钞古文目录，下次即行寄归。尔写字笔力太弱，以后即常摹柳帖亦好。家中有柳书《玄秘塔》、《琅邪碑》、《西平碑》各种，尔可取《琅邪碑》日临百字、摹百字。临以求其神气，摹以仿其间架。每次家信内，各附数纸送阅。

《左传》注疏阅毕，即阅看《通鉴》。将京中带回之《通鉴》，仿我手校本，将目录写于面上。其去秋在营带去之手校本，便中仍当寄送祁门，余常思翻阅也。

尔言鸿儿为邓师所赏，余甚欣慰。鸿儿现阅《通鉴》，尔亦可时时教之。尔看书天分甚高，作字天分甚高，作诗文天分略低。若在十五六岁时教导得法，亦当不止于此。今年已二十三岁，全靠尔自己扎挣发愤，父兄师长不能为力。作诗文是尔之所短，即宜从短处痛下工夫；看书写字尔之所长，即宜拓而充之。走路宜重，说话宜迟，常常记忆否？

余身体平安，告尔母放心。

涤生手示

（咸丰十一年正月十四日）

［译文］

字谕纪泽儿：

正月初十接到你腊月十九日一信，十二日又从安庆寄来你腊月初四日的信，一切具知。长夫走路太慢，而托辞于为营中其他人的信绕道长沙耽搁之故，此不足为信。譬如家中派人送信到白玉堂，不能按期往返，有人责备他，他则说被杉木坝、周家老屋的各个佃户强行让他送担耽搁了。作为一家之主只管严厉责问送信迟到的人，不管送担的事是否确实，何况并没有佃户强行让他送担呢？营中送信到家和黄金堂送信到白玉堂，远近虽不一样，但其情况是一样的。

你要抄的古文目录，下次就可寄回。你写字笔力显得太软弱了一些，今后就经常临摹柳帖，这也是个好事。家里有柳公权书写的《玄秘塔》、《琅邪碑》、《西平碑》几种，你可以选取《琅邪碑》每天临写一百字，临摹一百字。临写的目的在于探求字的神致气韵，临摹的目的在于仿效字的间架结构。今后每次写来的家信里，你都附上几幅寄来，让我给你批阅！

你读完《左传》注疏后，就接着读《资治通鉴》好了。你要将从北京带回去的《通鉴》，仿效我的手校本，把目录写在封面上。而那个去年秋天从军营带去的手校本，方便的时候仍要寄送到祁门来，我时常想翻阅一下。

你说纪鸿儿受到邓先生的称赞，我感到很高兴。纪鸿儿现在正在阅读《资治通鉴》，你也可以经常教一教他。你读书显得天资很高，写字也显得天资很高，而赋诗作文天资就显得低些了。假如当初在你十五岁至十六岁的时候教导得法，也该不只是如今这个水平。今年你已经二十三岁了，全靠你自己努力发奋，而父兄师长是帮不到什么了。作诗文是你的短处，今后就应该在短处痛下工夫；读书写字是你的长处，今后就应该对长处多加扩展和充实。敏于行而讷于言，还时常回忆吗？

我身体平安，告诉你母亲放心。

涤生手示

（咸丰十一年正月十四日）

［评析］

曾国藩教子耐心而细致，为儿子的成绩高兴，既而提出新的要求，督促幼子不断进步。每回写信终不忘让儿子改正缺点，拓展优点，通过书信来往，父亲成为儿子的良师益友。

二十六　谕纪泽（古人解经分内传外传）

字谕纪泽儿：

正月十四发第二号家信，谅已收到。日内祁门尚属平安。鲍春霆自初九日在洋塘获胜后，即追贼至彭泽，官军驻牯牛岭，贼匪踞下隅坂，与之相持，尚未开仗。日内雨雪泥泞，风寒凛冽，气象殊不适人意。伪忠王李秀成一股，正月初五日围玉山县，初八日围广丰县，初十日围广信府，均经官军竭力坚守，解围以去，现窜铅山之吴坊、陈坊等处，或由金溪以窜抚、建，或径由东乡以扑江西省城，皆意中事。余嘱刘养素等坚守抚、建，而省城亦预筹防守事宜。只要李逆一股不甚扰江西腹地，黄逆一股不再犯景德镇等，三四月间安庆克复，江北可分兵来助，南岸则大局必有转机矣。目下春季必尚有危险迭见，余当谨慎图之，泰然处之。余身体平安，惟齿痛时发。所选古文，已钞目录寄归。其中有未注明名氏者，尔可查出补注，大约不出《百三名家全集》及《文选》、《古文辞类纂》三书之外。

尔问《左传》解《诗》、《书》、《易》与今解不合，古人解经，有内传，有外传。内传者，本义也；外传者，旁推曲衍，以尽其余义也。孔子系《易》，小象则本义为多，大象则余义为多。孟子说《诗》，亦本子贡之因贫富而悟切磋，子夏之因素绚而悟礼后，亦证余义处为多。《韩诗外传》，尽余义也。《左传》说经，亦以余义立言者多。

袁臾生之二百金，余去年曾借松江二百金送季仙九先生，此项只算还袁宅可也。树堂先生送尔三百金，余当面言只受百金，尔写信寄营酬谢，言受一璧二云云，余在营中备二百金，并尔信函交冯可也。此字并送澄叔一阅，此次不另作书矣。

涤生手示

（咸丰十一年正月二十四日）

［译文］

字谕纪泽儿：

正月十四发出的第二封家信，想必已经收到。目前祁门还算平安。鲍春霆自初九日在洋塘获胜后，即追贼军到彭泽，官军驻扎在牯牛岭，贼军盘踞在下隅坂，与鲍军相持，目前还没有开战。目前雨雪交加，道路泥泞，寒风凛冽，天气非常不适人意。伪忠王李秀成一队，正月初五日围攻玉山县，初八日围攻广丰县，初十日围攻广信府。均经官竭力抵抗守卫，解除围攻使贼军离去，现在流窜到铅山的吴坊、陈坊等地方，有的经过金溪以流窜到抚、建，有的经东乡以围攻江西省城，这都是意料之中的事。我嘱咐刘养素等坚守抚、建，而省城也要预先筹划防守事宜。只要李逆一股不过于骚扰江西腹地，黄逆一股不再犯景德镇，三四月间安庆收复，江北可以分兵来相助，南岸则大局必定有所转机。眼下春季必定还有危险频出，我应当谨慎处理、安然对待。我身体安好，只是牙齿之痛常发。我所挑选的古文，已经抄了目录寄回去了。其中有的没注明作者姓名，你可以查出来补上,大概不出《百三名家全集》和《文选》、《古文辞类纂》三书之外。

你问《左传》解说《诗经》、《尚书》、《易经》与今人所解不合,古人解经,分为外传和内传。所谓内传,是经书本来的意义;所谓外传,是由此及彼的推论和引导,以尽其引申之义。孔子解释《易经》,小象的部分是本义为多,大象的部分是余义为多。孟子说《诗经》,也是本于子贡通过贫富之说而悟出切磋之说,子夏通过素绚之说而悟出礼后之说,也证明引申之义为多。《韩诗外传》,是解释余义的,《左传》说经,也以余义立言之处为多。

关于袁臾生的二百金,我去年曾借松江二百金送给季仙九先生,这项就算是还袁宅了。树堂先生送你三百金,我当面和他说过只接受一百金,你写信寄到冯先生营中答谢,说受一退二之类的话,我在营中准备二百金,和你的信一起交给冯就行了。这封信送给澄叔一读,这次不另给他写信了。

涤生手示

(咸丰十一年正月二十四日)

[评析]

曾国藩先对家人说明了最近的战事情况,说“目下春季必尚有危险迭见”可以看出战事十分紧张,面对此种情况曾国藩“当谨慎图之,泰然处之”。可以看出其沉稳的性格。虽然战事紧张,但依然不忘对儿子的教导。纪泽向父亲请教“《左传》解《诗》、《书》、《易》与今解不合”的问题,曾国藩给予了很好的解答,俨然一对师生!

二十七　谕纪泽纪鸿(栽竹复旧观)

字谕纪泽、纪鸿儿:

得正月二十四日信,知家中平安。此间军事,自去冬十一月至今,危险异常,幸皆化险为夷。目下惟左军在景德镇一带十分可危,余俱平安。余将以十七日移驻东流、建德。

付回银八两,为我买好茶叶陆续寄来。下手竹茂盛,屋后山内仍须栽竹，复吾父在日之旧观。余七年在家芟伐各竹，以倒厅不光明也；乃芟后而黑暗如故，至今悔之，故嘱尔重栽之。

"劳"字、"谦"字，常常记得否？

涤生手示

（咸丰十一年二月十四日）

[译文]

字谕纪泽、纪鸿儿：

收到正月二十四日的信，得知家中平安。这边的军事情况，自去年冬十月到今天，十分危险，所幸都化险为夷。眼下只有左军在景德镇一带十分危险，其他都平安。我将于十七日转移，驻扎在东流、建德。

寄回八两银子，为我买一些好茶叶陆续寄过来。下手竹林茂盛，屋后山内仍然须要种栽竹子，恢复我父亲在世时的旧容。我于咸丰七年在家砍伐各种竹子，因为竹林掩映而使厅室不光明。但是砍伐之后厅室依然黑暗如故，至今后悔，所以嘱咐你重新把竹子重栽上。

"劳"字、"谦"字，常常记得吗？

涤生手示

（咸丰十一年二月十四日）

[评析]

军情同紧急已转为安稳，险情已去。曾国藩想起以前自己把父亲在家中栽种的竹子都砍了，如今想来十分后悔，要纪泽在屋后山内种植竹子，以恢复父亲在时的容貌。可以看出曾国藩的孝心。

二十八　谕纪泽纪鸿（不离八本八字三致祥三不信）

字谕纪泽、纪鸿儿：

接二月二十三日信，知家中五宅平安，甚慰，甚慰！

余以初三日至休宁县，即闻景德镇失守之信。初四日写家书，托九叔处寄湘，即言此间局势危急，恐难支持，然犹意力攻徽州，或可得手，即是一条生路。初五日进攻，强中、湘前等营在西门挫败一次。十二日再行进攻，未能诱贼出仗。是夜二更，贼匪偷营劫村，强中、湘前等营大溃。凡去二十二营，其挫败者八营（强中三营，老湘三营，湘前一，震字一），其幸而完全无恙者十四营（老湘六，霆三，礼二，亲兵一，峰二），与咸丰四年十二月十二夜贼偷湖口水营情形相仿。此次未挫之营较多，以寻常兵事言之，此尚为小挫，不甚伤元气，目下值局势万紧之际，四面梗塞，接济已断，加此一挫，军心尤大震动。所盼望者，左军能破景德镇、乐平之贼，鲍军能从湖口迅速来援，事或略有转机，否则不堪设想矣。

余自从军以来，即怀见危授命之志。丁、戊年在家抱病，常恐溘逝牖下，渝我初志，失信于世。起复再出，意尤坚定，此次若遂不测，毫无牵恋。自念贫窭无知，官至一品，寿逾五十，薄有浮名，兼秉兵权，忝窃万分，夫复何憾！惟古文与诗，二者用力颇深，探索颇苦，而未能介然用之，独辟康庄。古文尤确有依据，若遽先朝露，则寸心所得，遂成广陵之散。作字用功最浅，而近年亦略有入处。三者一无所成，不无耿耿。

至行军本非余所长，兵贵奇而余太平，兵贵诈而余太直，岂能办此滔天之贼？即前此屡有克捷，已为侥幸，出于非望矣。尔等长大之后，切不可涉历兵间，此事难于见功，易于造孽，尤易于贻万世口实。余久处行间，日日如坐针毡，所差不负吾心，不负所学者，未尝须臾忘爱民之意耳。近来阅历愈多，深谙督师之苦。尔曹惟当一意读书，不可从军，亦不必作官。

吾教子弟不离八本、三致祥。八者曰：读古书以训诂为本，作诗文以声调为本，养亲以得欢心为本，养生以少恼怒为本。立身以不妄语为本，治家以不晏起为本，居官以不要钱为本，行军以不扰民为本。三者曰：孝致祥，勤致祥，恕致祥。吾父竹亭公之教人，则专重"孝"字。其少壮敬亲，暮年爱亲，出于至诚。故吾纂墓志，仅叙一事。吾祖星冈公之教人，则有八字、三不信：八者，曰考、宝、早、扫、书、蔬、鱼、猪；三者，曰僧巫，曰地仙，曰医药，皆不信也。处兹乱世，银钱愈少，则愈可免祸；用度愈省，则愈可养福。尔兄弟奉母，除"劳"字、"俭"字之外，别无安身之法。吾当军事极危，辄将此二字叮嘱一遍，此外亦别无遗训之语，尔可禀告诸叔及尔母无忘。

（咸丰十一年三月十三日）

［译文］

字谕纪泽、纪鸿儿：

收到二月二十三日的信，得知家中五宅平安，十分欣慰，十分欣慰！

我于初三日到休宁县，就听说景德镇失守的消息。初四日写家书，托九叔那边寄回湘，就说此处局势危急，恐怕难以支持，然而还有意攻打徽州，如果能得手，就是一条生路。初五日进攻，强中、湘前等营在西门挫败一次。十二日再次进攻，没能诱惑贼军出仗。当夜二更，贼军偷袭营房劫略村庄，强中、湘前等营大崩溃。一共去了二十二营，其中挫败的共八营（强中三营，老湘三营，湘前一，震字一）其中幸运而完全无事的有十四营（老湘六，霆三，礼二，亲兵一，峰二），与咸丰四年十二月十二夜贼军偷袭湖口水营的情形相似。这次没有挫败的军营较多，按寻常兵事而言，这尚算是小挫败，没大伤元气，眼下正值局势万分紧张之时，四周道路被堵，接济也断绝，再加上这次的挫败，军心是大为震动。所盼望的是，左军能攻破景德镇、乐平的贼军，鲍军能从湖口迅速来支援，事情也许略有转机，否则后果不堪设想啊。

我自从军以来，便怀有见危受命的志向。丁、戊年患病在家，常担心忽然病死在牖下，违背当初的志向，失信于世人。再次复出，意志尤其坚定，这次如果身遭不测，也丝毫没有牵恋。自认为贫穷无知，官位至一品，年龄过五十岁，稍具虚名，又掌握兵权，荣幸万分，又有何遗憾呢！唯有古文与诗，于此二者所下工夫很深，研究很辛苦，而没能很好地使用，以此开辟文学流派。古文确实有依据，好比早晨的露水一见阳光便消失，一旦心有所得，就像广陵散一样忽然消失了。练字方面用功最少，而近年来也稍微有入处。这三样我一无所成，心中一直不能宁贴。

至于行军之事原本不是我所善长，用兵作战以出奇制胜为贵而我太平直，用兵作战以诡诈为贵而我过于耿直，怎么能平定这种犯有滔天之罪的贼呢？之前虽有过数次胜利，实为侥幸，出于非望也。你们长大以后，千万不能涉足兵事，这种事难于建功，易于造孽，尤其易于留是非于万世。我长久以来处于其中，每天都是如坐针毡，所幸不负我心，不负我所学的是我未尝一时忘记爱民之意。近来阅历越来越多，深深体会到督师之苦处。你们只要一心读书，不能从军，也不必做官。

我教子弟不脱离八本、三致祥。八本是：读古书以训诂为本，作诗文以声调为本，奉养双亲以让其欢心为本，养生以少动怒为本。立身以不说虚妄不实的话为本,治理家庭以不晚起为本,当官以不贪钱为本,带领军队以不骚扰百姓为本。三致祥是:做到忠孝、勤勉、宽恕这三事,均可带来福分。我的父亲竹亭公教人,则专门注重“孝”字。他年轻时敬重双亲,年老时爱慕双亲,都是出于至诚。所以我为他纂写墓志铭,仅仅叙述这一事。我的祖父星冈公之教人,则有八字、三不信:八字是考、宝、早、扫、书、蔬、鱼、猪;三不信是:僧侣巫士,阴阳先生,医药,都不相信也。处在这个乱世,银钱越少,那就越可免除祸患;用度越省俭,那就越可以积福。你们兄弟奉养母亲,除了“劳”字、“俭”字之外,别无安身的办法。我在这军事极危之时,就将这两个字叮嘱一遍,此外也没有其他遗训之语了,你可以禀告各位叔父和你母亲不要忘记。

(咸丰十一年三月十三日)

[评析]

此信可以看做是曾国藩的一次心灵读白,从中可以看出曾国藩内心深处的想法。曾国藩本是一书生,因太平军兴起,才被迫从事军事。虽然有所成就,但并不是自己最想要的,“唯古文与诗,二者用力颇深,探索颇苦,而未能介然用之,独辟康庄。”学问上的成就才是他最想要的。近年来的军营生涯让他感到人生的无常,并告诫家中后辈,“切不可涉历兵间,此事难于见功,易于造孽,尤易于贻万世口实。”只愿后辈们一意读书,平安地度过一生,我们从中看到的是一位父亲对子女的关怀,而不是一位高高在上的官员。

信的最后曾国藩提到了星冈公的“八字”、“三不信”和自己的“八本”、“三致祥”,要求后辈以此为安身立命之法。并告诫后辈“银钱愈少,则愈可免祸”,真可谓语重心长,感人至深!

二十九　谕纪泽(早起、种蔬,类多兴旺)

字谕纪泽儿:

三月三十日建德途次接澄侯弟在永丰所发一信,并尔将去省时在家所留之禀。尔到省后所寄一禀,却于二十八日先到也。

余于二十六日自祁门拔营起行,初一日至东流县。鲍军七千余人于二十五日自景德镇起行,三十日至下隅坂。因风雨阻滞,初三日始渡江,即日进援安庆,大约初八九可到。沅弟、季弟在安庆稳守十余日,极为平安。朱云岩带五百人,二十四自祁门起行,初二日已至安庆助守营濠,家中尽可放心。

此次贼救安庆,取势乃在千里以外。如湖北则破黄州,破德安,破孝感,破随州、云梦、黄梅、蕲州等属,江西则破吉安,破瑞州、吉水、新淦、永丰等属,皆所以分兵力,亟肆以疲我,多方以误我。贼之善于用兵,似较昔年更狡更悍。吾但求力破安庆一关,此外皆不遽与之争得失。转旋之机,只在一二月可决耳。

乡间早起之家,蔬菜茂盛之家,类多兴旺,晏起、无蔬之家,类多衰弱。尔可于省城菜园中,用重价雇人至家种蔬,或二人亦可。其价若干,余由营中寄回,此嘱。

涤生手示(东流县)

(咸丰十一年四月初四日)

[译文]

字谕纪泽儿:

三月三十日去建德途中,收到澄侯弟在永丰寄来的一封信和你将要离开省城时留在家中的禀贴。你到省后寄的一封信,却在二十八日先到。

我于二十六日在祁门让军队出发转移,初一日到达东流县。鲍军七千余人于二十五日从景德镇出发,三十日到下隅坂。因为风雨阻滞,初三日才开始渡江,当天去援助安庆,大约初八九日可以到达。沅弟、季弟在安庆稳固坚守十余日,非常平安。朱云岩带领五百人,二十四日自祁门出发,初二日已经到达安庆助守营濠,家中尽可以放心。

这次贼军救安庆,取势在千里之外。比如攻湖北则破黄州、破德安,破孝感,破随州、云梦、黄梅、蕲州等边境之属,攻江西则破吉安,破瑞州、吉水、新淦、永丰等边境之属,这都是通过分散兵力,亟肆以使我军疲劳,多方面以误导我军。贼军之善于用兵,似乎比几年前更加狡猾强劲。我只求全力攻破安庆一关,除此之外都不打算与之争得失。扭转大局的机会,只在一二月之内可有决断也。

乡下的早起的家庭,蔬菜茂盛的家庭,大多会兴旺,晚起、无蔬的家庭,大多会衰弱。你可以在省城菜园中,用高价雇人到家中种蔬菜,或者雇两人也可以。价格多少,我会从营中寄回去。此嘱。

涤生手示(东流县)

(咸丰十一年四月初四日)

[评析]

曾国藩信奉"耕读传家久",故要求后辈要多种菜。又说"乡间早起之家,蔬菜茂盛之家,类多兴旺;晚起、无蔬之家,类多衰弱。"从这一对比中可以看出曾国藩的品性,即做人要质朴、勤劳。曾国藩出身于农家,这也是他久居乡间的经验之谈,值得学习。

三十　谕纪泽(指示耕读的方法)

字谕纪泽:

六月二十日唐介科回营,接尔初三日禀并澄叔一函,具悉一切。

今年彗星出于北斗与紫微垣之间,渐渐南移,不数日而退出右辅与摇光之外,并未贯紫微垣,亦未犯天市也。占验之说,本不足信;即有不祥,或亦不大为害。

省雇园丁来家,宜废田一二丘,用为菜园。吾现在营课勇夫种菜,每块土约三丈长,五尺宽,窄者四尺余宽,务使芸草及摘蔬之时,人足行两边沟内,不践菜土之内。沟宽一尺六寸,足容便桶。大小横直,有沟有浍,下雨则水有所归,不使积潦伤菜。四川菜园极大,沟浍终岁引水长流,颇得古人井田遗法。吾乡一家园土有限,断无横沟,而直沟则不可少。吾乡老农虽不甚精,犹颇认真,老圃则全不讲究。我家开此风气,将来荒山旷土,尽可开垦,种百谷杂蔬之类。如种茶亦获利极大,吾乡无人试行,吾家若有山地,可试种之。

尔前问《说文》中逸字,今将贵州郑子尹所著二卷寄尔一阅。渠所补一百六十五文,皆许书本有之字,而后世脱失者也。其子知同又附考三百字,则许书本无之字,而他书引《说文》有之,知同辨为不当有者也。尔将郑氏父子书细阅一遍,则知叔重原有之字,被传写逸脱者,实已不少。

纪渠侄近写篆字甚有笔力,可喜可慰,兹圈出付回。尔须教之认熟篆文，并解明偏旁本意。渠侄、湘侄要大字横匾，余即日当写就付归，寿侄亦当付一匾也。家中有李少温篆帖《三坟记》、《迁先茔记》，亦可寻出，呈澄叔一阅。澄弟作篆字，间架太散，以无帖意故也。邓石如先生所写篆字《西铭》、《弟子职》之类，永州杨太守新刻一套，尔可求郭意城姻叔拓一二分，俾家中写篆者有所摹仿。家中有褚书《西安圣教》、《同州圣教》，尔可寻出寄营，《王圣教》亦寄来一阅；如无裱者，则不必寄也。《汉魏六朝百三家集》，京中一分，江西一分，想俱在家，可寄一部来营。

余疮痍略好，而癣大作，手不停爬，幸饮食如常。安庆军事甚好，大约可克复矣。此次未写信与澄叔，尔将此呈阅，并问澄弟近好。

（咸丰十一年六月二十四日）

［译文］

字谕纪泽：

六月二十日唐介科回到营中，接到你初三日的禀贴和澄叔一封信，一切尽知。

今年慧星出现于北斗七星与紫微垣星区之间，渐渐向南移动，不几日就退出右辅和摇光星之外，并没有穿过紫微垣星区，也没有进入天市星区。占星这种迷信之说，本来不足为信；即便有不祥之事，或者也不大为害。

从省城雇请园丁到家中做工，要废弃田园一二丘，用做菜园。我现在军营督责勇夫种菜，每块土地大约三丈长，五尺宽，窄的四尺来宽，务必让人们在除草和采摘蔬菜的时候，行走于两边的沟内，不要践踏到菜土之内。沟宽一尺六寸，足以容下便桶。大小横直，田间水沟交错，雨水可从中流出，不会导致积水泡坏蔬菜。四川的菜园非常大，水沟一年到头引水长流，颇得古人遗留下来的井田法。我们家乡土地有限，不可能有横水沟，而直水沟则不可少。我们乡下的老农虽然技艺不太精湛，但是态度十分认真，老菜农则完全不讲究。我们家首开种菜的风气，将来的荒山野地，尽可以开垦，种栽各种谷子和菜蔬。如果种茶也会获利很大，我们乡下无人试行，我们家如果有山地，可以尝试种茶。

你前段时间问《说文解字》中的逸字，今天将贵州郑子尹所著《说文逸字》两卷寄给你一阅。渠所补的一百六十五文，都是许慎之书中本来就有的字，而后世才脱失的。其子知同又附考了三百字，则是许慎之书本无之字，而其他的书引用《说文解字》则有这些字，知同所辨有不当之处。

你将郑氏父子的书仔细阅读一遍，就知道许叔重书中原有的字，被后来传写之人丢脱的实在不少。

纪渠侄近来写篆字十分有笔力，让人既欢喜又欣慰，兹圈出寄回。你必须教他认熟篆文，并且解释清楚字的偏旁本意。渠侄、湘侄向我要大字横匾，我今天就会写好寄回去，寿侄也要寄回一匾。家中有李少温篆帖《三坟记》、《迁先茔记》，也可找出来，呈给澄叔看阅。澄弟所作篆字，间架太散，是因为没有临帖。邓石如先生所写篆字《西铭》、《弟子职》之类，永州杨太守新刻了一套，你可以求郭意城姻叔拓一两份，使家中写篆字的人有所模仿。家中有褚书《西安圣教》、《同州圣教》，你可以找出来寄到营中，《王圣教》也寄来一阅；如果没有裱的，则不必寄了。《汉魏六朝百三家集》，京中一份，江西一份，想来都在家里，你可以寄到营中一部。

我的疮痍稍微好些，而癣疾十分严重，用手抓个不停，幸好吃饭正常。安庆军事情况很好，大概可以收复了。这次没有写信给澄叔，你将这封信让他看，并且问候澄弟安好。

（咸丰十一年六月二十四日）

［评析］

曾国藩认为种菜之家易兴旺，此信主要讲了种菜的具体方法，从中可以看出曾国藩不只会读书作文，于种菜之类也颇为精通，又要求后辈学习，这充分体现了“耕读传家久”的精神。此信还谈了读书、练字之法，对后人很有启发意义！

三十一　谕纪泽（看读写作不可阙）

字谕纪泽：

前接来禀，知尔钞《说文》，阅《通鉴》，均尚有恒，能耐久坐，至以为慰。

去年在营，余教以看、读、写、作，四者阙一不可。尔今阅《通鉴》，算看字工夫；钞《说文》，算读字工夫。尚能临帖否？或临《书谱》，或用油纸摹欧、柳楷书，以药尔柔弱之体。此写字工夫，必不可少者也。

尔去年曾将《文选》中零字碎锦分类纂钞，以为属文之材料，今尚照常摘钞否？已卒业否？或分类钞《文选》之词藻，或分类钞《说文》之训诂。尔生平作文太少，即以此代作字工夫，亦不可少者也。

尔十余岁至二十岁虚度光阴，及今将看、读、写、作四字逐日无间，尚可有成。尔语言太快，举止太轻，近能力行"迟"、"重"二字以改救否？

此间军事平安。援贼于十九、二十、二十一日扑安庆后濠，均经击退。二十日自巳刻起至五更止，猛扑十一次，亦竭力击退，以此当可化险为夷，安庆可望克复矣。

余癣疾未愈，每日夜手不停爬，幸无他病。皖南有左、张，江西有鲍，均可放心。目下惟安庆较险，然过二十二之风波，当无虑也。

（咸丰十一年七月二十四日）

[译文]

字谕纪泽：

前日收到来禀，得知你抄写《说文解字》，阅读《通鉴》，都很有恒心，能够耐心久坐，我十分欣慰。

去年在军营，我教给你做学问要看、读、写、作四样缺一不可。你如今阅读《通鉴》，属于"看"字功夫；抄《说文解字》，属于"读"字功夫。还能临帖吗？你可以临《书谱》，或者用油纸临摹欧阳询、柳公权的楷书，以治疗你的柔弱之体。这种写字功夫，一定不能少。你去年曾经把《文选》中富于文采的词句分类抄了下来，以作为作文的材料，如今还能照常摘抄吗？还是已经完成了？或者分类抄写《文选》的辞藻，或者分类抄《说文解字》的训诂。你生平作文章太少，就以此来代替作字功夫，也是必不可少的事。

你十岁至二十岁之间虚度光阴，如今要每天坚持看、读、写、作，还可以有所成就。你说话的语速太快，举止不稳重，近来能够做到"迟"、"重"两字以改正你的不足吗？

这边军事平安，贼军援兵于十九、二十、二十一日攻打安庆后方，均已被击退。二十日从巳刻起到五更止，猛烈进攻十一次，也都被竭力击退了，因此应该可以化险为夷，安庆有希望收复了。

我的癣疾没有痊愈，每天日夜用手不停地挠，所幸没有其他疾病。安徽南部有左、张，江西有鲍，都可放心。眼下只有安庆较危险，然而过了二十二日的风波，应当无忧虑了。

（咸丰十一年七月二十四日）

［评析］

此信把看、读、写、作四方面作为读书人的四大功课，并教诲儿子要时刻以此为法，不可间断。并针对儿子“说话快”、“举止轻”的缺点给予指正，从中可窥见一位父亲的谆谆教子之心。

三十二　谕纪泽（处乱世尤要戒奢侈）

字谕纪泽：

八月二十日胡必达、谢荣凤到，接尔母子及澄叔三信，并《汉魏百三家》、《圣教序》帖。二十二日谭在荣到，又接尔及澄叔二信，具悉一切。

蔡迎五竟死于京口江中，可异，可悯。兹将其口粮三两补去外，以银二十两振恤其家，朱运四先生之母仙逝，兹寄去奠仪银八两。蕙姑娘之女一贞于今冬发嫁，兹付去奁仪十两。家中可分别妥送。

大女儿择于十二月初三日发嫁，袁家已送期来否？余向定妆奁之资二百金，兹先寄百金回家，制备衣服，余百金俟下次再寄。其自家至袁家途费暨六十侄女出嫁奁仪，均俟下次再寄也。

居家之道，惟崇俭可以长久。处乱世，尤以戒奢侈为要义。衣服不宜多制，尤不宜大镶大缘，过于绚烂。尔教导诸妹，敬听父训，自有可久之理。

牧云舅氏书院一席，余已函托寄云中丞，沅叔告假回长沙，当面再一提及，当无不成。余身体平安，二十日成服哭临，现在三日已毕，疮尚未好，每夜搔痒不止，幸不甚为害。满叔近患疟疾，二十日全愈矣。此次未写澄叔信，尔将此呈阅。

（咸丰十一年八月二十四日）

[译文]

字谕纪泽：

八月二十日胡必达、谢荣凤到这里，收到你们母子及澄叔的三封信，并收到《汉魏百三家》、《圣教序》三件字帖。二十二日谭在荣也来到这，又收到你和澄叔的两封信。一切情况都已经知道了。

蔡迎五居然死在了京口的江中，真是奇怪又可怜啊！现在将他的三两口粮补去外，另寄二十两银子抚恤他家。朱运四先生的母亲去世了，现寄去奠仪银八两。蕙姑娘的儿女一贞，定于今年冬天出嫁，现送去嫁妆钱十两。家中可以分别妥善地将这些钱送到。

大女儿选在十二月初三出嫁，袁家送来期约了吗？我向来定家里的嫁妆费是二百金，现在先寄一百金回家，用来置办衣物，剩下的一百金等下次再寄。至于自家到袁家的路费及十六侄女出嫁的嫁妆钱，都等下次再寄。

居家之道，只有崇尚节俭才能够长久，处在乱世更应该以戒除奢侈为第一要事，衣服不应缝制太多，更不宜于大镶大缘，过于华丽。你训诫妹妹们，要谨听父亲的教导训诫，自会有可以长久的道理。

牧云的舅舅想取得书院的一个席位，我已寄信给云中丞，沅叔告假回长沙，再当面跟他谈一下，一定会成功。我身体平安。二十日丧服器悼皇帝驾崩，现在三天了，已经结束。我的癣病还没有好，每天夜里搔痒不止，幸亏不是很严重。满叔最近患疟疾，二十日已痊愈了。这次没给澄叔写信。你将此信呈给他看就行了。

（咸丰十一年八月二十四日）

[评析]

曾国藩时任湘军统帅，手中握有重权，在江南一代是最有名的文人武将，其嫁女却仅送嫁妆费二百两，传说后来慈禧听说此事都深感诧异，足见其治家之严，生活之简。他提倡居家以节俭为主，处于乱世更应以戒除奢侈为第一要事，曾国藩不但自己身体力行，而且要求家人也照此行事，使今人也不得不自惭形秽。

三十三　谕纪泽（分类目录要精当）

字谕纪泽：

接尔八月十四日禀并日课一单、分类目录一纸，日课单批明发还。

目录分类，非一言可尽。大抵有一种学问，即有一种分类之法，有一人嗜好，即有一人摘钞之法。若从本原论之，当以《尔雅》为分类之最古者。天之星辰，地之山川鸟兽草木，皆古圣贤人辨其品汇，命之以名，《书》所称大禹主名山川，《礼》所称黄帝正名百物是也。物必先有名，而后有是字，故必知命名之原，乃知文字之原。舟车弓矢，俎豆钟鼓，日用之具，皆先王制器以利民用，必先有器而后有是字，故又必知制器之原，乃知文字之原。君臣上下，礼乐兵刑，赏罚之法，皆先王立事以经纶天下，或先有事而后有字，或先有字而后有事，故又必知万事之本，而后知文字之原。

此三者，物最初，器次之，事又次之。三者既具，而后有文词。《尔雅》一书，如释天、释地、释山、释水、释草木、释鸟兽虫鱼，物之属也；释器、释宫、释乐，器之属也；释亲，事之属也；释诂、释训、释言，文词之属也。《尔雅》之分类，惟属事者最略；后世之分类，惟属事者最详。事之中又判为两端焉：曰虚事，曰实事。虚事者，如经之“三礼”、马之“八书”、班之“十志”及“三通”之区别门类是也。实事者，就史鉴中已往之事迹，分类纂记，如《事文类聚》、《白孔六帖》、《太平御览》及我朝《渊鉴类函》、《子史精华》等书是也。

尔所呈之目录，亦是钞摘实事之象，而不如《子史精华》中目录之精当。余在京藏《子史精华》，温叔于二十八年带回，想尚在白玉堂，尔可取出核对，将子目略为减少。后世人事日多，史册日繁，摘类书者，事多而器物少，乃势所必然。尔即可照此钞去，但期与《子史精华》规模相仿，即为善本。其末附古语鄙谚，虽未必无用，而不如径摘钞《说文》训诂，庶与《尔雅》首三篇相近也。余亦思仿《尔雅》之例钞纂类书，以记“日知月无忘”之效，特患年齿已衰，军务少暇，终不能有所成。或余少引其端，尔将来继成之可耳。

余身体尚好，惟疮久不愈。沅叔已拔营赴庐江、无为州，一切平安。胡宫保仙逝，是东南大不幸事，可伤之至！紫兼毫营中无之，兹付笔二十支、印章一包查收，蓝格本下次再付。澄叔处尚未写信，将此送阅。

（咸丰十一年九月初四日）

［译文］

字谕纪泽：

接到你八月十四日的禀书及每日的课业单子和分类目录一张，日课单批明了，现寄还给你。

关于目录分类问题，不是一句话可以说清楚的事。大体上有一种学问便有一种分类的方法，有一个人的嗜好，便有一个人的摘抄方法。如果从本原论起，当以《尔雅》为分类之最古的书。天上的星辰，地上的山川，鸟兽草木，都是古代圣贤辨其品汇，给予的命名。《尚书》所说的大禹主名山大川，《周礼》所说的黄帝正才可知道文字的本原。舟车、弓矢、俎豆、钟鼓日常用具，都是先王制造的器物以利于民众使用，一定是先有器物而后才有这个字，所以又一定是要知晓制器的本原，才可知文字的本原。君臣、上下、礼乐、兵刑、赏罚之法，都是先王设置制度用以统治天下，或者是先有事而后有字，或者是先有字而后有事，所以又必须知晓万事的本原，然后才知晓文字的本原。

这三者之中，物是最先有的，其次是器，最后是事。三者具备之后，才有文辞《尔雅》一书，像释天、释地、释山、释水、释草木、释鸟兽虫鱼，均属于物类；释器、释宫、释乐，则属于器类；释亲，则是属于事类；释诂、释训、释言，属于文辞类。《尔雅》的分类，只有事类最为简略，后世的分类，又唯有事类最详细。事之中又划为两类：叫做虚事、实事。虚事，如经之三《礼》，司马迁《史记》的《八书》，班固《汉书》的《十志》，及《三通》的分门别类都属于虚事。实事，如史鉴中过去的事迹，分类编纂记载的书，如《事文类聚》、《白孔六帖》、《太平御览》及我朝的《渊鉴类函》、《子史精华》等书便是这一类。

你所送呈的目录，也是摘抄事实的表象，而不如《子史精华》中的目录精确恰当。我在京城中收藏的《子史精华》，温叔于二十八年带回去了，想必还在白玉堂，你可以取出来核对，把子目略微减少一些。后世人、事日益增多，史书目益增繁，摘抄分类的书中，事情多而器物少，这是势所必然。但仍可照此抄去，只是希望能与《子史精华》的规模相仿，便是善本，末尾所附古语中低劣谑词，虽然不一定没用，但不如直接摘抄《说文训诂》训诂，差不多与《尔雅》首部三篇相近似，我也想仿照《尔雅》的体例抄纂类书，以成不忘日月之功效，但因年龄已经衰老，军务繁忙，最终还是不能成其事，或许由我稍开其端，你将来可以继续完成。

我身体还好，只是疮病长久不愈。你沅叔已经拔营去庐江、无为州，一切平安。胡宫保去世了，是东南的一件大不幸事件，真是令人伤心之至。你要的紫兼毫我的军营中没有，现附寄去二十支笔、一包印章，查收。蓝格本下次再寄。你澄叔那里我还未写信给他，你将此信送给他看。

（咸丰十一年九月初四日）

［评析］

曾国藩学富五车，不但深通作文、写字之道，包括目录分类学亦了如指掌，他在信中信手拈来各种目录分类方法，阐明释物、释器、释事，说明分类目录，贵在精当，在言谈举止中展现了大家风采。

三十四　谕纪泽（勤俭可持久）

字谕纪泽儿：

昨见尔所作《说文分韵解字凡例》，喜尔今年甚有长进，因请莫君指示错处。莫君名友芝，字子偲，号郘亭，贵州辛卯举人，学问淹雅，丁未年在琉璃厂与余相见，心敬其人。七月来营，复得畅谈。其学于考据、词章二者皆有本原，义理亦践修不苟。兹将渠批订尔所作之《凡例》寄去，余亦批示数处。

又寄银百五十两，合前寄之百金，均为大女儿于归之用。以二百金办奁具，以五十金为程仪，家中切不可另筹银钱，过于奢侈。遭此乱世，虽大富大贵亦靠不住，惟“勤俭”二字可以持久。

又寄丸药二小瓶，与尔母服食。尔在家常能早起否？诸弟妹早起否？说话迟钝、行路厚重否？宜时时省记也。

涤生手示

（咸丰十一年九月二十四日）

［译文］

字谕纪泽儿：

昨天见到你所作的《说文分韵解字凡例》，非常高兴你今年这么有进步，一定要请莫君指出错处。莫君名友芝，字子偲，号郘亭，贵州省辛卯年的举人，学识渊博。丁未年在琉璃厂和我相见，我心中很敬仰他的为人。七月他来到营中，又得以与他长谈。他在考据和词章学方面都有研究，义理也细心修习。现将他批订你所作的《凡例》寄去，我也批示了几处。

又寄去一百五十两银子，加上前次寄的一百两，都归大女儿出嫁用。用二百两办嫁妆，以五十金作仪式用，家中切不可另外再筹银钱，过于奢侈。逢此乱世，尽管是大富大贵，也依靠不住，只有勤俭二字可以持久。

又寄二小瓶丸药，给你母亲服用。你在家常能早起吗？弟妹们是否也能早起？说话稳重，走路厚重吗？你应该时刻反省并牢记。

涤生手示

（咸丰十一年九月二十四日）

［评析］

再一次强调勤俭持家，严禁奢侈浪费，清醒地认识到尽管是大富大贵，在乱世依然是风雨飘摇，因此只有勤奋俭省方能使家风一脉相传，使子孙辈受恩泽。

三十五　谕纪泽（要养得胸次博大活泼）

字谕纪泽：

初四夜接尔二十六号禀。所刻《心经》，微有《西安圣教》笔意。总要养得胸次博大活泼，此后更当有长进也。

尔去年看《诗经注疏》已毕否？若未毕，自当补看，不可无恒耳。

讲《通鉴》，即以我过笔者讲之亦可。将来另购一部，尔照我之样，过笔一次可也……新写“闳深肃穆”四字，拓一分付回。

（咸丰九年五月十四日）

［译文］

字谕纪泽：

初四夜接到你二十六日的信。所刻的《心经》，字体稍微具有《西安圣教》的笔意。总要培养成胸襟博大活泼，以后更加会有所进步。

你去年看的《诗经注疏》已经完成了吗？如果没有完成，应该继续补看，不可以没有恒心。

讲《通鉴》，就按我所点读过的本子讲也可以。将来另外买一部，你按照我的样子，点读一次……这次新写了“闳深肃穆”四字，拓一份寄回。

（咸丰九年五月十四日）

［评析］

此信对曾纪泽所刻《心经》给予鼓励，增加其信心，并教导纪泽做人不只要学问做的好，养成博大的胸怀也是十分重要的。此外曾国藩还十分重视恒心的作用，故此信中特别提到“不可无恒”，可谓发人深省。

三十六　谕纪泽（思念与家人团聚）

字谕纪泽儿：

接沅叔信，知二女喜期，陈家择于正月二十八日入赘。澄叔欲于乡间另备一屋，余意即在黄金堂成礼，或借曾家坳头行礼，三朝后仍接回黄金堂，想尔母子与诸叔已有定议矣。兹寄回银二百两，为二女奁资；外五十金，为酒席之资，俟下次寄回（亦于此次寄矣）。

浙江全省皆失，贼势浩大，迥异往时气象。鲍军在青阳，亦因贼众兵单，未能得手，徽州近又被围。余任大责重，忧闷之至！疮癣并未少减，每当痛痒极苦之时，常思与尔母子相见。因贼氛环逼，不敢遽接家眷。又以罗氏女须嫁，纪鸿须出考，且待明春察看。如贼焰少衰，安庆无虞，则接尔母带纪鸿来此一行，尔夫妇与陈婿在家照料一切。若贼氛日甚，则仍接尔来此一行。明年正二月，再有准信。

纪鸿县府各考，均须请邓师亲送。澄叔前言纪鸿至书院读书，则断不可。

前蒙恩赐遗念衣一、冠一、搬指一、表一，兹用黄箱送回（宣宗遗念衣一、玉佩一，亦可藏此箱内），敬谨尊藏，此嘱。

涤生手示

（咸丰十一年十二月十四日）

[译文]

字谕纪泽儿：

收到沅叔的信，得知两个女儿的婚期，陈家定于正月二十八日入赘。澄叔想要在乡间另外准备一间屋子，我的意思就在黄金堂成礼，或者曾家坳头行礼，三天后仍然接回黄金堂，想来你们母子和各位叔父应该已经有定议了。寄回去二百两银子，作为二女的嫁妆；另外五十金，作为酒席的费用，等下次寄回（也于此次寄了）。

浙江全省都失守了，贼军势力浩大，与以前气象大不相同。鲍军在青阳，也因为贼军众多，己兵单薄，没能得手，徽州近来又被围困。我的责任十分重大，忧虑苦闷至极！疮癣并没有减轻，每当十分痛痒的时候，常思念与你们母子相见。因为贼军气势所逼，不敢贸然接家眷过来。又因为许配给罗氏的女儿须出嫁，纪鸿须出外考察，姑且等到明年春天查看。如果贼军气焰稍衰，安庆无大碍，则接你母亲和纪鸿来此一行，你们夫妇与陈婿在家照料一切。如果贼军气势越来越大，则仍然接你来此一行。明年正二月，再通信议定。

纪鸿的县试、府试，均须请邓师亲自护送。澄叔之前说纪鸿到书院读书，则断然不可。

以前承蒙皇恩赏赐贵物，衣服一件、帽子一顶、扳指一枚、表一个，现用黄箱送回去（宣宗遗物衣服一件、玉佩一个，也可藏在这个箱子里），敬请尊藏，此嘱。

涤生手示

（咸丰十一年十二月十四日）

[评析]

在军事不利的情况下，曾国藩思念与家人团聚，除了亲情，其他一切都不那么重要了。曾国藩虽然贵为一军统帅，但内心的真情流露也与常人无异，一句“每当痛痒极苦之时，常思与尔母子相见”可谓感人至深！也让后人了解到曾国藩对待亲情的态度。

三十七　谕纪泽(尔当多读古诗)

字谕纪泽:

正月十三、四,连接尔十二月十六、二十四两禀,又得澄叔十二月二十二一缄、尔母十六日一缄,备悉一切。尔诗一首,阅过发回。尔诗笔远胜于文笔,以后宜常常为之。余久不作诗而好读诗,每夜分辄取古人名篇高声朗诵,用以自娱。今年亦当间作二三首,与尔曹相和答,仿苏氏父子之例。

尔之才思,能古雅而不能雄骏,大约宜作五言,而不宜作七言。余所选十八家诗,凡十厚册,在家中,此次可交来丁带至营中。尔要读古诗,汉魏六朝,取余所选曹、阮、陶、谢、鲍、谢六家专心读之,必与尔性质相近。至于开拓心胸,扩充气魄,穷极变态,则非唐之李、杜、韩、白,宋金之苏、黄、陆、元八家,不足以尽天下古今之奇观。尔之质性,虽与八家者不相近,而要不可不将此八人之集悉心研究一番,实《六经》外之巨制,文字中之尤物也。

尔于小学粗有所得,深用为慰。欲读周、汉古书,非明于小学无可问津。余于道光末年,始好高邮王氏父子之说,从事戎行,未能卒业,冀尔竟其绪耳。

余身体尚可支持,惟公事太多,每易积压。癣痒迄未甚愈。家中索用银钱甚多,其最要紧者,余必付回。京报在家,不知系报何喜?若节制四省,则余已两次疏辞矣,此等空空体面,岂亦有喜报耶?

(同治元年正月十四日)

[译文]

字谕纪泽:

正月十三四日连续接到你十二月十六、二十四日的两封信,又收到澄叔十二月二十二日的一封信和你母亲十六日的一封信,具悉一切。你写的一首诗看过了,发还给你。你的诗笔远胜文笔,以后应该常常写。我长久不写诗了,但好读诗。每天夜里常常拿来古人的名篇高声朗读,用以自乐。今年也应该作两三首,与你们相互和答,模仿苏氏父子的先例。

你的才思,古雅而不雄骏,大概适合作五言诗,而不适宜作七言诗。我所选的十八家诗,一共十厚册,在家中存放着,这次可以交给来人给我带到营中来。你要读古诗,汉魏六朝的诗,只取我所选的曹、阮、陶、谢、鲍、谢六家诗专心去读,一定和你的性格相接近。至于开拓心胸,扩充气魄,穷极变态,这非唐代的李杜韩白、宋金的苏黄陆元八家,不足以写尽天下古今的奇观,你的性格,虽然不与这八家相近,但不可不将这八人的文集悉心研究一番。这八人的诗文,实在是《六经》以外的巨制,文字之中尤其有可学之处。

你对于训诂小学粗有所得,我很感欣慰,要读周汉古书。非明白训诂小学不可问津。我在道光末年,开始喜好高邮王氏父子的观点,从事军事,未能成其此业,希望你继承我的事业。

我的身体还可以支持,只是公事太多,常常容易积压。癣痒至今未好,家中索要的银钱太多,其中最要紧的,我一定寄回去。家中的喜报,不知是报什么喜?若是贺我节制四省的喜报,我已两次上书请辞了。这种空空的体面,难道也有喜报吗?

(同治元年正月十四日)

[评析]

在曾国藩的内心深处他更希望自己做一个知书达理的文人,而非叱咤风云的武将,但生逢乱世,他不得不挑起湘军的重担,为国解忧。子承父业,因此他把写诗作文读遍天下经书的文人之梦寄托在儿子身上,明白此理,我们就更能理解他每每在信中严格指点儿子学问的苦心。

三十八 谕纪泽(家事烦劳远胜于寒士困境)

字谕纪泽儿:

三月十三日接尔二月二十四日安禀并澄叔信，具悉五宅平安。

尔至葛家送亲后，又须至浏阳送陈婿夫妇，又须赶回黄宅送亲，又须接办罗氏女喜事。今年春夏，尔在家中，比余在营更忙。然古今文人学人，莫不有家常琐事之劳其身，莫不有世态冷暖之撄其心。尔现当家门鼎盛之时，炎凉之状不接于目，衣食之谋不萦于怀，虽奔走烦劳，犹远胜于寒士困苦之境也。

尔母咳嗽不止，其病当在肺家。兹寄去好参四钱五分、高丽参半斤，好者如试之有效，当托人到京再买也。余近久不吃丸药，每月两逢节气，服归脾汤三剂。迩来渴睡甚多，不知是好是歹。

军事平安，鲍公于初七日在铜陵获一大胜仗。少荃坐火轮船于初八日赴上海，其所部六千五百人当陆续载去。希庵所派救颍州之兵，颍郡于初五日解围。

第三女于四月二十二日于归罗家，兹寄去银二百五十两，查收。余不详，即呈澄叔一阅。此嘱。

涤生手示

（同治元年三月十四日）

［译文］

字谕纪泽儿：

三月十三日接到你二月二十四日的信和你澄叔的信，知道家中平安。

你到葛家送亲以后，又需到浏阳送陈婿夫妇，又要赶回黄宅送亲，还要接办罗氏女的喜事。今年春夏，你在家中比我在营中还忙，但古今文人学人，没有不为家常琐事所烦劳的，没有不被世态冷暖纠缠其心的。你现在在家是鼎盛之时，未接触炎凉的情况，衣食不用谋求，虽然奔走辛劳，还远胜于寒士困苦的境地。

你母亲咳嗽不止，病应该在肺部，现寄去好人参四钱五分，高丽参半斤，好人参如果试服有效，应该托人再到京城来买。我近来好久不吃丸药了，遇到每个月的两个节气，都服三剂归脾汤。近来瞌睡很多，不知是好是坏。

军事平安。鲍公于初七日在铜陵获一大胜仗。少荃于初八日坐火轮船去上海。他的部下六千五百人陆续载运去。希庵所派的救颍州的兵士，在初五日解了颍郡之围。

第三女四月二十二日出嫁罗家，现寄去二百五十两银子，查收。其余的不再详写，将此信送给澄叔看看。此嘱。

涤生手示

（同治元年三月十四日）

［评析］

曾国藩自幼家境贫寒，切身体味过人事炎凉，故虽然儿子在家操劳家务甚忙，但不忘警醒儿子现今衣食无忧，远胜于寒士困苦境地，以此鞭策幼子磨炼自己，处理好家常琐事，承担住世态冷暖，终成一代文人学士。

三十九　谕纪泽（锐意进取，行之有恒）

字谕纪泽儿：

连接尔十四、二十二日在省城所发禀，知二女在陈家，门庭雍睦，衣食有资，不胜欣慰。

尔累月奔驰酬应，犹能不失常课，当可日进无已。人生惟有常是第一美德。余早年于作字一道，亦尝苦思力索，终无所成。近日朝朝摹写，久不间断，遂觉月异而岁不同。可见年无分老少，事无分难易，但行之有恒，自如种树畜养，日见其大而不觉耳。

尔之短处在言语欠钝讷，举止欠端重，看书能深入而作文不能峥嵘。若能从此三事上下一番苦工，进之以猛，持之以恒，不过一二年，自尔精进而不觉。言语迟钝，举止端重，则德进矣。作文有峥嵘雄快之气，则业进矣。尔前作诗，差有端绪，近亦常作否？李、杜、韩、苏四家之七古，惊心动魄，曾涉猎及之否？

此间军事，近日极得手。鲍军连克青阳、石埭、太平、泾县四城，沅叔连克巢县、和州、含山三城暨铜城闸、雍家镇、裕溪口、西梁山四隘，满叔连克繁昌、南陵二城暨鲁港一隘。现仍稳慎图之，不敢骄矜。

余近日疮癣大发，与去年九十月相等，公事丛集，竟日忙冗，尚多积阁之件，所幸饮食如常。每夜安眠或二更三更之久，不似往昔彻夜不寐。家中可以放心。此信并呈澄叔一阅,不另致也。

(同治元年四月初四日)

[译文]

字谕纪泽儿:

接连收到你十四日、二十二日在省城发出的信,得知二女儿在陈家,全家和睦,衣食充裕,非常欣慰。

你连日来奔走应酬,还能不放弃功课,应该每天长进不止。人生中只有“恒”是第一美德。我早年对于书法的技巧,也曾经冥思苦想,终无所成,近来天天摹写,长时间没有间断,于是感到日新月异,每年都有不同。可见,年龄不分老少,事情不分难易,只要持之以恒,自然就像种树和畜养牲畜一样,每天不觉得它在长大,而实际上它在不断地长大。

你的缺点在于说话缺乏稳重,举止缺少端庄,看书能深入进去但写文章却不是很出色。假如能从这三件事上下一番工夫,锐意进取、持之以恒,那么不过一两年,自然会有重大的长进而自己又不易察觉。言谈稳重了,举止端庄了,德行也就进步了。写文章有了峥嵘雄快之气,你的学业也就进步了。你前些日子作诗,有点头绪了,最近也常写吗?李、杜、韩、苏四家的七言古诗,惊心动魄,你涉猎到了吗?

这里的军事状况,近日很顺利。鲍军接连攻克青阳、石埭、太平、泾县四座城池。你沅叔接连攻克巢县、和州、含山三个城池及桐城闸、雍家镇、裕溪口、西梁山四个要塞。你满叔也接连攻克繁昌、南陵两城及鲁港要塞。如今仍在慎重稳妥地筹划,不敢有一丝的骄傲。

我近日疮癣发作,相当严重,与去年九十月一样。公事累积,终日繁忙,还有许多积下的文件。所幸的是饮食如常,每天夜里安睡到二更或三更,不像过去那样彻夜难眠,家中尽可以放心。这封信你呈给澄叔看看,不再另给他写了。

(同治元年四月初四日)

[评析]

曾国藩十分重视“恒心”,他自觉自己由文转武,恒心不足,故时刻鞭策幼子进德修业持之以恒。儿子说话缺乏稳重,举止缺少端庄,文章缺乏雄气,故他要求儿子从“恒”做起,相信通过持之以恒的练习,终将克服这三个缺点。

四十　谕纪泽纪鸿(立志即换骨金丹)

字谕纪泽、纪鸿儿:

今日专人送家信,甫经成行,又接王辉四等带来四月初十之信,尔与澄叔各一件,藉悉一切。

尔近来写字,总失之薄弱,骨力不坚劲,墨气不丰腴,与尔身体向来"轻"字之弊正是一路毛病。尔当用油纸摹颜字之《郭家庙》、柳字之《琅琊碑》、《玄秘塔》,以药其病,日日留心,专从"厚重"二字上用工。否则字质太薄,即体质亦因之更轻矣。

人之气质,由于天生,本难改变,惟读书则可变化气质。古之精相法[者],并言读书可以变换骨相。欲求变之之法,总须先立坚卓之志。即以余生平言之,三十岁前,最好吃烟,片刻不离,至道光壬寅十一月二十一日立志戒烟,至今不再吃。四十六岁以前,作事无恒,近五年深以为戒,现在大小事均尚有恒。即此二端,可见无事不可变也。尔于"厚重"二字,须立志变改。古称"金丹换骨",余谓立志即丹也……

(同治元年四月二十四日)

[译文]

字谕纪泽、纪鸿儿:

今天专人送来了家信,刚要复信,又收到王辉四等带来的四月初十的信,你与澄叔各一封,具悉一切。

你近来写字,总是太薄弱,骨力不坚劲,墨气不丰腴,与你本身向来轻浮是一路毛病。你应该用油纸摹写颜体的《郭家庙》、柳体的《琅琊碑》、《玄秘塔》,以用来治你的毛病。你要天天留心,专从厚重两个字上下工夫。否则,字质太薄,体质也因此更轻。

人的气质,由于天生,本来难以改变,只有读书才可以变化气质。古代精于相面的人,都说读书可以变换骨相。要求得变更的方法,总需要先立下坚定的志向。就我的生平而言,三十岁前最好吸烟,片刻不离,到道光壬寅年十一月二十一日立志戒烟，至今不再吸。四十六岁以前做事没恒心，近五年深以为戒，现在大小事都还有恒，就这两点，可见，没有什么事情是不可变的。你对于重厚二字，必须立志变改。古人称金丹换骨，我说立志就是金丹也……

（同治元年四月二十四日）

［评析］

曾国藩善于相面，品鉴人物眼光独到，在历史上留下许多美谈。在此信中他谈到读书可以变换骨相，这可能是他极其重视读书的原因之一。儿子为人轻浮，因此曾国藩教诲他读书写字，对他要求甚严，和想要变换他的相骨，使他变得厚重也不无关系。

四十一　谕纪泽（多读《文选》，手抄与摹仿并重）

字谕纪泽儿：

接尔四月十九日一禀，得知五宅平安。

尔《说文》将看毕，拟先看各经注疏，再从事于词章之学。余观汉人词章，未有不精于小学训诂者。如相如、子云、孟坚，于小学皆专著一书，《文选》于此三人之文，著录最多。余于古文，志在效法此三人并司马迁、韩愈五家，以此五家之文，精于小学训诂，不妄下一字也。

尔于小学既粗有所见，正好从词章上用功。《说文》看毕之后，可将《文选》细读一过。一面细读，一面钞记，一面作文以仿效之。凡奇僻之字，雅故之训，不手钞则不能记，不摹仿则不惯用。

自宋以后，能文章者不通小学，国朝诸儒，通小学者又不能文章。余早岁窥此门径，因人事太繁，又久历戎行，不克卒业，至今用为疚憾。尔之天分，长于看书，短于作文。此道太短，则于古书之用意行气，必不能看得谛当。目下宜从短处下工夫，专肆力于《文选》，手抄及摹仿二者皆不可少。待文笔稍有长进，则以后诂经读史，事事易于着手矣。

此间军事平顺。沅、季两叔皆直逼金陵城下。兹将沅信二件寄家一阅。惟沅、季两军进兵太锐，后路芜湖等处空虚，颇为可虑。余现筹兵补此瑕隙，不知果无疏失否？余身体平安，惟公事日繁，应复之信积阁甚多，余件尚能料理，家中可以放心。此信送澄叔一阅，余思家乡茶叶甚切，迅速付来为要。

（同治元年五月十四日）

[译文]

字谕纪泽儿：

收到了你四月十九日的一封信，得知五宅平安。

你即将看完《说文解字》，之后打算先看各经注疏，再从事于词章之学。我看汉人的词章，没有不精于小学训诂的，例如司马相如、子云、孟坚对小学都专著一书，《文选》中注录的这三个人的文章最多。我在古文方面，有志效仿这三个人和司马迁、韩愈等五家，因为这五家的文章精于小学训诂，不妄写一个字。

你对于小学，已经粗有见解，正好可以从词章上下工夫。《说文》看完之后，你可以把《文选》细读一遍。一面细读，一面抄记，一面作文，仿效古文。凡是怪僻的字，雅故难懂的解释，不用手抄就记不住，不模仿就不习惯使用。

从宋代以后，能写文章的人不通小学，本朝各位儒者中通小学者又不能做文章，我早年就看到了这条门径，因事情太多，又长期戎马生涯，不能完成此业，至今仍很内疚和遗憾。你的天分，擅长看书，不善于作文。不精于作文，对于古文的用意，写法也不能看到其真谛。眼下你应该从短处下工夫，专门用力学《文选》，手抄和模仿这两者都不可少。等你的文笔稍微有了长进，以后训诂经书攻读史书，事事都容易顺手了。

这里的军事平安顺利。你沅、季两叔都已直逼金陵城下。现将你沅叔的两封信寄到家中一阅，只是沅、季两军进兵太快，后路芜湖等处空虚，很让人忧虑，我现在正筹备兵员准备补上这个空隙，不知最终会不会有闪失？我身体平安，只是公事太多，应该回复的信件积压很多，其他的还都可以料理，家中可以放心。你将这封信送给你澄叔看看，我很思念家乡的茶叶，要迅速寄来为盼。

（同治元年五月十四日）

[评析]

曾国藩对儿子做学问的要求是既要精于小学，又要能做文章，这也是他早年为自己找到的学习门径，可惜他半路转入戎马生涯，未能实现夙愿，因此他把希望寄托在儿子身上，指出儿子的问题所在，建议他多读《文选》，手抄和模仿并重，慈父婆心，足见殷切期望。

四十二　谕纪泽(宽贷袁婿)

字谕纪泽：

二十日接家信，系尔与澄叔五月初二所发。二十二日又接澄侯衡州一信，具悉五宅平安，三女嫁事已毕。

尔信极以袁婿为虑，余亦不料其遽尔学坏至此。余即日当作信教之，尔等在家，却不宜过露痕迹。人所以稍顾体面者，冀人之敬重也。若人之傲惰鄙弃业已露出，则索性荡然无耻，拚弃不顾，甘与正人为仇，而以后不可救药矣。我家内外大小，于袁婿处礼貌，均不可疏忽。若久不悛改，将来或接至皖营，延师教之亦可。大约世家子弟，钱不可多，衣不可多。事虽至小，所关颇大。

此间各路军事平安。多将军赴陕西，沅、季在金陵，孤军无助，不无可虑。湖州于初三日失守。鲍攻宁国，恐难遽克。安徽亢旱，顷间三日大雨，人心始安。谷即在长沙采买，以后澄叔不必挂心。此次不另寄澄叔信，尔禀告之。此嘱！

(同治元年五月二十四日)

[译文]

字谕纪泽：

二十日收到家信，是你和澄叔五月二日寄出的，二十二日又收到澄侯从衡州寄来的一封信，得知家中平安，三女出嫁的事已经办完。

你在来信中非常担忧袁婿，我也没有料到他很快就学坏到了这种地步，我今天就写信教训他。你们在家却不宜过分显露痕迹。人之所以要稍微顾些体面，是希望人们尊重自己。假如一个人的骄傲、懒惰、恶劣的言行已经显露出来，就会索性不顾一丝的羞耻，不顾一切脸面，甘心与正直的人为仇，那今后就无药可救了。我家内外大小都应该对袁婿处处礼貌,假如他长期不悔改,将来或许把他接到安徽的营中来,请老师教他也可以。大世家的子弟,钱不可以多,衣服不可以多,事情虽然小,但关系却很大。

这里各路军事情况都平安。多将军增援陕西,沅、季在金陵孤军无援,值得担忧。湖州于初三失守。鲍军进攻宁国,恐怕难以马上攻克。安徽大旱,近日下了三天大雨,人心才稳定了。谷物就到长沙来买,以后澄叔不必担心。这次不另给澄叔写信了,你禀告他一下,此嘱。

（同治元年五月二十四日）

[评析]

曾国藩的大女婿举止乖张,深染纨绔子弟的陋习,但曾国藩以礼待人,不许儿子越俎代庖教训姐夫,更不让家人过分嫌恶其人,他认为自己作为一个长辈应承担教导女婿的责任,如果不行将要把他带入营中请老师教育,足见曾国藩的仁义厚重。

四十三　谕纪鸿(衣食起居与寒士相同)

字谕纪鸿儿:

前闻尔县试幸列首选,为之欣慰。所寄各场文章.亦皆清润大方。昨接易芝生先生十三日信,知尔已到省。城市繁华之地,尔宜在寓中静坐,不可出外游戏征逐。兹余函商郭意城先生,在东征局兑银四百两,交尔在省,为进学之用。(如郭不在省,尔将此信至易芝生先生处借银亦可)。印卷之费,向例两学及学书共三分,尔每分宜送钱百千。邓寅师处谢礼百两。邓十世兄处送银十两,助渠买书之资。余银数十两,为尔零用及略添衣物之需。

凡世家子弟,衣食起居无一不与寒士相同,庶可以成大器;若沾染富贵气习,则难望有成。吾忝为将相,而所有衣服不值三百金。愿尔等常守此俭朴之风,亦惜福之道也。其照例应用之钱,不宜过啬(谢廪保二十千,赏号亦略丰)。谒圣后,拜客数家,即行归里。今年不必乡试,一则尔工夫尚早,二则恐体弱难耐劳也,此谕。

涤生手示

再,尔县考诗有错平仄者。头场(末句“移”)。二场(三句“禁”,仄声用者,“禁止”、“禁戒”也,平声用者,犹云受不住也,谚云“禁不起”)。三场(四句“节俭仁惠崇”系倒写否?十句“逸”仄声)。五场(九、十句失粘)。过院考时,务将平仄一一检点,如有记不真者,则另换一字。抬头处亦宜细心。再谕。

(同治元年五月二十七日)

[译文]

字谕纪鸿儿:

先前听说你科举县试有幸名列第一,我非常高兴。寄来的各考场文章都较清润大方。昨天收到易芝生先生十三日的来信,得知你已到省城。城市是喧哗之地,你应在住处待着,不可在外边找朋友吃喝玩乐。现在我写信与郭意城先生商议,在东征局借银四百两,作为你在省城进学读书的费用。(如果郭先生不在省城,我再将这封信寄往易、邓两位先生处也可)。印卷的费用,向例两学和学书共三分,你每分送钱百千较合适。邓寅师那里送谢礼百两,邓十世兄那里送十两银子,作为他们买书的费用。我的几十两银子,你可以用来添加衣物或零用。

凡官宦人家子弟,衣食住行无不与贫困家子弟相同者,才可能成为有出息的人;假如染上富贵习气,就很难指望会有什么成就。我侥幸地位列将相,但全部衣服加起来值不了三百金。但愿你们兄弟常守此俭朴之风,也算是明白不过分追求享受的道理。所有照例应该花的钱,不要太吝啬(酬谢廪保要送二十千,其他赏谢也要略丰厚些)。拜谒至圣先师孔夫子之后,再拜几家客人,就赶快回家去。今年不必参加乡试,一来你的年纪还轻,二来怕你体弱难忍劳苦。此谕。

涤生手示

再有,你县上科考时的诗,平仄有错误之处。头场(末句的移字)、二场(第三句的禁字,作为仄声使用时是禁止禁戒,作为平声用时才是受不住的意思,俗谚说禁不起),第三场(第四句的节俭仁惠崇,是不是写倒了?第十句丢掉了仄声),第五场(第九、十句忘粘了)。在经过院试时,你务必一一检查平仄,如有记得不准确的地方,就另外换上一个字。开头处更要细心。再谕。

(同治元年五月二十七日)

［评析］

功夫不负有心人，曾国藩在信中耐心指点儿子苦做学问，儿子不负众望取得成就，身为人父，曾国藩深感欣慰。但在鼓励的同时亦不忘教导儿子勤俭节约，衣食起居，当与寒士相同。曾国藩自语衣服加起来值不了三百两，试问古今高官大将又有几位位极人臣却还能清苦如此呢？

四十四　谕纪泽（陶写性情，家风严谨）

字谕纪泽儿：

曾代四、王飞四先后来营，接尔二十日、二十六日两禀，具悉五宅平安。

和张邑侯诗，音节近古，可慰，可慰！五言诗，若能学到陶潜、谢朓，一种冲淡之味、和谐之音，亦天下之至乐，人间之奇福也。尔既无志于科名禄位，但能多读古书，时时哦诗作字，以陶写性情，则一生受用不尽。第宜束身圭璧，法王羲之、陶渊明之襟韵萧洒则可，法嵇、阮之放荡名教则不可耳。

希庵丁艰，余即在安庆送礼，写四兄弟之名，家中似可不另送礼。或鼎三侄另送礼物，亦无不可，然只可送祭席、挽幛之类，银钱则断不必送，尔与四叔父、六婶母商之。希庵到家之后，我家须有人往吊，或四叔，或尔去，皆可，或目下先去亦可。

近年以来，尔兄弟读书，所以不甚耽搁者，全赖四叔照料大事，朱金权照料小事。兹寄回鹿茸一架、袍褂料一付，寄谢四叔。丽参三两、银十二两，寄谢金权。又袍褂料一付，补谢寅皆先生，尔一一妥送。家中贺喜之客，请金权恭敬款接，不可简慢，至要，至要！

贤五先生请余作传，稍迟寄回。此次未写复信，尔先告之。家中有殿板《职官表》一书，余欲一看，便中寄来。钞本国史“文苑”、“儒林传”尚在否？查出禀知，此嘱。

涤生手草

（同治元年七月十四日）

[译文]

字谕纪泽儿:

曾代四、王飞四前后来到我营中,收到你二十日、二十六日的两封信,知道了家中一切安好。

和张邑侯的诗,音节接近于古诗,我很欣慰。五言诗,若能学到陶潜、谢朓那种恬淡的味道及和谐的音律,也是天下最高兴的事,是人间少有的福气了。你既然无钟于功名利禄,那只要能多读古书,时常吟诗作词,陶冶情操,那一生都将受益不尽。只是你应洁身自持,仿效王羲之、陶渊明的襟韵洒脱,不应仿效嵇、阮的放荡不羁。

希庵亲人病逝,我就从安庆送去了丧礼,写的是四个兄弟的名字,家中或许可以不用再送礼了。或者由鼎三侄另送一份礼品也行,但是只能送祭席挽幛之类的,绝不能送银两。你与四叔父、六婶母商议一下。希庵到家之后,我家要有人去吊唁,要么让四叔去,要么由你去也可以,或者你现在就去也行。

近些年以来,你兄弟读书,之所以没有耽搁多少时间,全依仗四叔料理大事,朱金权料理小事。如今寄回鹿茸一架、袍褂料子一匹,感谢四叔。丽参三两、银二十两,感谢金权。还有袍衬料一匹,补谢寅皆先生。你都要妥善送去。家中道喜的客人,请金权恭敬地招待,不能怠慢。这非常重要。

贤五先生请我写传记,稍微推后一段时间再寄回去。我这次没有给他答复回信,你先转告他。家中有原版《职官表》一书,我想要看一下,方便时寄过来。《国史文苑》、《儒林传》的抄本还在吗?查明后告知我。特此叮嘱。

涤生手草

(同治元年七月十四日)

[评析]

曾国藩拥护儒家文化,因此鼓励儿子作诗学王羲之、陶渊明的襟韵洒脱,不应仿效嵇、阮的放荡不羁,这不得不说是一种偏见。他严格要求家人尊礼、节俭,因此遇到丧葬之事,按照礼数的要求送丧礼,不许侄子再送银两,其为人之认真,家风之严谨可见一斑。

四十五　谕纪泽(行气为文章第一义)

字谕纪泽儿:

接尔七月十一日禀并澄叔信,具悉一切。鸿儿十三日自省起程,想早到家?

此间诸事平安,沅、季二叔在金陵亦好,惟疾疫颇多,前建清醮,后又陈龙灯狮子诸戏,仿古大傩之礼,不知少愈否。

鲍公在宁国招降童海容一股,收用者三千人,余五万人悉行遣散,每人给钱一千。鲍公办妥此事,即由高淳东坝会剿金陵。希帅由六安回省,初三已到。久病之后,加以忧戚,气象黑瘦,咳嗽不止,殊为可虑。本日接奉谕旨,不准请假回籍,赏银八百,饬地方官照料。圣恩高厚,无以复加,而希帅思归极切,观其病象,亦非回籍静养,断难痊愈,渠日内拟自行具摺陈情也。

尔所作《拟庄》三首,能识名理,兼通训诂,慰甚,慰甚!余近年颇识古人文章门径,而在军鲜暇,未尝偶作,一吐胸中之奇。尔若能解《汉书》之训诂,参以《庄子》之诙诡,则余愿偿矣。至行气为文章第一义,卿、云之跌宕,昌黎之倔强,尤为行气不易之法。尔宜先于韩公倔强处揣摩一番。京中带回之书,有《谢秋水集》(名文洊,国初南丰人),可交来人带营一看。澄叔处未另作书,将此呈阅。

涤生手示

(同治元年八月初四日)

[译文]

字谕纪泽儿:

收到了你七月十一日的信及澄叔的信,具悉一切。鸿儿十三日从省城起程,想早些赶回家。

这里诸事平安。沅、季两位叔叔在金陵也很好。只是疾病太多,前些日子他们建了斋醮,后来又搞了灯笼狮子大戏,仿照古代驱傩的仪礼,不知稍好些了没有?

鲍公在宁国招降了章容海一股敌人,收留下三千人。剩下的五万人全部遣散了,每人给一千钱。鲍公办妥了这件事后,立即由高淳、东坝会剿金陵。希帅从六安回省城,初三已经到了。久病之后,加上亲人亡故忧念,气色黑瘦,咳嗽不止,实在让人忧虑。今天接到谕旨,不准他请假回家,赏银八百两,令地方上照料他的家事。圣恩高厚,无以复加,但希帅思归心切。看他的病态,也不是回家静养就一定可以痊愈的,他打算近日自己上奏折陈述情况。

你所作三首《拟庄》诗,能识名理,也通训诂,十分欣慰。我近几年很明白古人做文章的门径,但在军营中少闲暇,没有时常写写,一吐心中的想法,你如果能解明《汉书》的训诂,参照《庄子》的谈论,我的愿望就达到了。行气为文章的第一义,卿、云的文章跌宕起伏,昌黎文章的倔犟,尤其是不易行气的方法。你应该先在韩愈倔犟方面揣摩一悉。从京中带回去的书,有一部《谢秋水集》(名文溶,国初南丰人),可交给来人带到营中我要看看。澄叔那里没有另外写信,你将此信送给他看。

涤生手示

(同治元年八月初四日)

[评析]

略叙军中近况,又对儿子作诗加以指点,提出"行气为文章第一义"的作诗作文之道,建议先学习韩愈诗文的倔犟方面,再及其他,既给儿子提出总的要求,又指明具体方法,的确是一位良师。

四十六　谕纪泽(皖省吏治当有起色)

字谕纪泽:

日内未接家信,想五宅平安为慰。

此间近状如常。各军士卒多病,迄未少愈。甘子大至宁国一行,归即一病不起。许吉斋座师之世兄名敬身号藻卿者,远来访我,亦数日物故。幸杨、鲍两军皆有转机,张凯章闻亦少瘥。三公无他故,则大局尚可为也。沅叔营中病者亦多。沅意欲调多公一军回援金陵。多公在秦,正当紧急之际,焉能东旋?且沅、季共带二万余人,仅保营盘,亦无请援之理。惟祝病卒渐愈,禁得此次风浪,则此后普成坦途矣。

李希庵于闰八月二十三日安庆开行,奔丧回里。唐义渠即于是日到皖。两公于余处皆以长者之礼见待,公事毫无掣肘。余亦推诚相与,毫无猜疑。皖省吏治,或可渐有起色。

余近日癣疾复发,不似去秋之甚。眼蒙则逐日增剧,夜间几不复能看字。老态相催,固其理也……

(同治元年闰八月二十四日)

[译文]

字谕纪泽:

最近没收到家信,想着五宅都平安以为安慰。

这里最近状况和往常一样。各军士卒大多生病,至今没有治愈。甘子大到宁国一趟,回来就一病不起。许吉斋座师的世兄,就是名敬身,号藻卿的那位,远来探访我,数日之后也死去了。幸好杨、鲍两军皆有转机,听说张凯章也快痊愈了。如果这三位没有其他事故,则大局尚可以维持。沅叔营中患病的人也很多。沅叔想要调回多公一军回来支援金陵。多公在秦,正当情况紧急之时,怎么能调走呢?而且沅、季一共带领两万人左右,仅仅是保卫营盘的,也没有去支援的道理。唯有祝军生病的士兵逐渐痊愈,如果能够承受这次的风浪,那以后就会一路平坦了。

李希庵于闰八月二十三日从安庆出发,回家奔丧。唐义渠也于今日到安徽。两位在我这里皆以长者之礼遇被招待,对于公事毫不干涉。我也诚心相待,丝毫没有猜疑。安徽省的吏治,或许情况可逐渐好转。

我近日癣疾又发作,没有去年秋天严重。眼蒙病则日渐加剧,夜里几乎不能看字。岁月不待人,确实是这个道理……

(同治元年闰八月二十四日)

[评析]

此信主要是向家人说明前线的军事情况,以便让家中亲人放心。其中也有曾国藩与人交往时"推诚相与"的态度,值得人们借鉴。

四十七　谕纪泽(迥异寻常气象余忧灼异常)

字谕纪泽儿：

接尔闰月禀，知澄叔尚在衡州未归，家中五宅平安，至以为慰。

此间连日恶风惊浪，伪忠王在金陵苦攻十六昼夜，经沅叔多方坚守，得以保全，伪侍王初三四亦至。现在金陵之贼数近二十万，业经守二十日，或可化险为夷。兹将沅叔初九、十与我二信寄归，外又有大夫第信，一慰家人之心。

鲍春霆移扎距守郡城二十里之高祖山，虽病弁太多，十分可危，然凯军在城主守，春霆在外主战，或足御之。惟宁国县城于初六日失守，恐贼猛扑徽州、旌德、祁门等城，又恐其由间道径窜江西，殊可深虑。

余近日忧灼，迥异寻常气象，与八年春间相类。盖安危之机，关系太大，不仅为一己之身名计也。但愿沅、霆两处幸保无恙，则他处尚可徐徐补救。此信送澄叔一阅，不详。

涤生手示

(同治元年九月十四日)

[译文]

字谕纪泽儿：

接到你闰月寄的信，得知澄叔尚在衡州没有归来，家中五宅平安，十分欣慰。

这里连日恶风惊浪，伪忠王在金陵苦苦进攻十六昼夜，经过沅叔的多方坚守，才得以保全，伪侍王初三四日也到。现在金陵的贼军将近二十万，如果能坚守二十日，或许可以化险为夷。现将沅叔初九、十给我的两封信寄回，另外有大夫第(指曾国荃)的信，以宽慰家人之心。

鲍春霆转移军营驻守在离郡城二十里处的高祖山，虽然病卒太多，情况十分可危，然而凯军在城中主守，春霆在城外主战，或许可以抵御贼军。唯有宁国县城于初六日失守，恐怕贼军猛攻徽州、旌德、祁门等城，又恐怕贼军从偏僻的小路窜入江西，十分可虑。

我近来忧虑焦灼，与平时大异，和咸丰八年春天相似。大概是安危之机，关系太大，不仅为一己之身名打算也。但愿沅、霆两处能够不出差错，那么别处尚可以慢慢补救。这封信送给澄叔一阅，不详。

涤生手示

（同治元年九月十四日）

［评析］

金陵围军被贼军反包围，前线、后方的情况都十分紧急，在这种局面下，曾国藩临危不乱，从大处着眼，认为只要沅、霆两军不出大差错，那么其他地方的损失，可以慢慢补救，后来结果正是如此，可谓眼光独到。从此信也可以看出曾国藩的内心状态，了解到他“不仅为一己之身名打算”的想法，体现出为国分忧的责任心。

四十八　谕纪泽（身体逐弱欲尔来营省视）

字谕纪泽儿：

旬日未接家信，不知五宅平安如常否。

此间军事，金柱关、芜湖及水师各营，已有九分稳固可靠；金陵沅叔一军，已有七分可靠；宁国鲍、张各军，尚不过五分可靠。此次风波之险，迥异寻常。余忧惧太过，似有怔忡之象，每日无论有信与无信，寸心常若皇皇无主。前此专虑金陵沅、季大营或有疏失，近日金陵已稳，而忧惶战栗之象不为少减，自是老年心血亏损之症。欲尔再来营中省视，父子团聚一次。一则或可少解怔忡病症，二则尔之学问亦可稍进。或今冬起行，或明年正月起行，禀明尔母及澄叔行之。尔在此住数月归去，再令鸿儿来此一行。

寅皆先生明年定在大夫第教书，鸿儿随之受业。金二外甥有志向学，尔可带之来营。余详日记中。此谕。

涤生手示

（同治元年十月初四日）

[译文]

字谕纪泽儿：

大概十天没有接到家信了，不知五宅是否和往常一样平安。

这里的军事情况，金柱关、芜湖和水师各营，已经有九分稳固可靠；金陵沅叔一军，也已经有七分可靠；宁国鲍、张各军，还只有五分可靠。这次风波之危险，和平常大不相同。我忧惧太重，好像有持续心跳剧烈，不能自安的症状，每天无论是否有信，内心经常皇皇不安，没有所主。以前只忧虑金陵沅、季大营或许有疏失，近来金陵已经稳固，但忧惶战栗的现象并没有减轻，应该是老年心血亏损的症状。想让你再来军营中看望，我们父子团聚一次。一来或许可以缓解怔忡之症，二来你的学问也可以稍微得到进步。或者今年冬天出发，或者明年正月出发，告知你母亲和澄叔之后再出发。你在这边住几个月后回去，再让鸿儿来这边一趟。

寅皆先生明年决定在大夫第教书，鸿儿可跟随他受教。金二外甥有志于学习，你可带他来营。余详日记中。此谕。

涤生手示

（同治元年十月初四日）

[评析]

岁月不饶人，晚年的曾国藩身体状况逐弱，再加上常年为国事操劳，各种病症频发。曾国藩似乎感到自己时日不多，想让儿子来到自己身边陪伴，以尽父子之宜。从此信可以看出曾国藩的内心世界，也可以感受到作为一位父亲的爱子之心。

四十九　谕纪泽（六家之书不可不涉猎）

字谕纪泽儿：

十月初十日接尔信与澄叔九月二十日县城发信，具悉五宅平安，希庵病亦渐好，至以为慰。

此间军事，金陵日就平稳，不久当可解围。沅叔另有二信，余不赘告。鲍军日内甚为危急，贼于湾沚渡过河西，梗塞霆营粮路。霆军当士卒大病之后，布置散漫，众心颇怨，深以为虑。鲍若不支，则张凯章困于宁国郡城之内，亦极可危。如天之福，宁国亦如金陵之转危为安，则大幸也。

尔从事小学、《说文》，行之不倦，极慰，极慰。小学凡三大宗：言字形者以《说文》为宗，古书惟大、小徐二本，至本朝而段氏特开生面，而钱坫、王筠、桂馥之作亦可参观；言训诂者以《尔雅》为宗，古书惟郭注、邢疏，至本朝而邵二云之《尔雅正义》、王怀祖之《广雅疏证》、郝兰皋之《尔雅义疏》，皆称不朽之作；言音韵者以《唐韵》为宗，古书惟《广韵》、《集韵》，至本朝而顾氏《音学五书》乃为不刊之典，而江（慎修）、戴（东原）、段（茂堂）、王（怀祖）、孔（巽轩）、江（晋三）诸作，亦可参观。尔欲于小学钻研古义，则三宗如顾、江、段、邵、郝、王六家之书，均不可不涉猎而探讨之。

余近日心绪极乱，心血极亏，其慌忙无措之象，有似咸丰八年春在家之时，而忧灼过之，甚思尔兄弟来此一见，不知尔何日可来营省视？仰观天时，默察人事，此贼竟无能平之理。但求全局不遽决裂，余能速死，而不为万世所痛骂，则幸矣。

涤生手示

（同治元年十月十四日）

［译文］

字谕纪泽儿：

十月初十接到你的信与你澄叔九月二十日从县城发的信，具悉五宅平安。希庵的病也渐好了，很感欣慰。

这里的军事情况，金陵近日平稳了，不久应该能够解围了。沅叔另外有两封信，我不赘言了。鲍军近日很危急，敌人从湾址渡过了河西，阻塞了霆军的粮路，霆军士卒正是在大病之后，布置散漫，众心怨愤，很让人担忧。鲍军如果支持不住，张凯章被困于宁国郡城之内，也极为危险。如有天赐之福，宁国也像金陵一样转危为安，那真是万幸了。

你从事小学训诂，学习《说文解字》，一直不倦，极为欣慰。小学共有三大宗。字形以《说文》为宗；古书只有大徐本和小徐本，至清朝才有段玉裁别开生面，但钱坫、王筠、桂馥的作品也可以参考。训诂，以《尔雅》为宗，古书只有郭注邢疏，到本朝邵二云的《尔雅正义》、王怀祖的《广雅疏证》、郝兰皋的《尔雅义疏》，都是不朽之作。音韵，以《唐韵》为宗，古书只有《广韵》、《集韵》，到本朝顾氏《音学五书》才是不刊之典，而江（慎修）、戴（东原）、段（茂堂）、王（怀祖）、孔（巽轩）、江（晋三）等各种作品，也可参考。你对于小学钻研古义，对这三宗如顾、江、段、邵、郝、王六家的书，都不可以不涉猎而进行探讨。

我近日心情极乱，心血极亏。慌忙无措的状况，有些像咸丰八年春天在家的时候，但忧灼得却更厉害。很想让你兄弟来这里一见。不知你哪一天可来营中探亲？仰观天时，暗察人事，这股敌人没有平息的道理。但求全局不会很快崩溃，我能快死而不被万世所痛骂，就万幸了。

涤生手示

（同治元年十月十四日）

［评析］

曾国藩临危受命，在与太平军的对抗中有得有失，曾经还因兵败投河自杀，最终被人救起大难不死。这封信当值同治元年所作，皇帝新崩，太平军势力方盛，曾国藩再次陷入焦灼之中。但即便如此还不忘教导儿子训诂之学，君子的涵养气度展现无遗。

五十　谕纪泽纪鸿（战争危急，心情忧灼）

字谕纪泽、纪鸿儿：

日内未接家信，想五宅平安。

此间军事，金陵于初五日解围，营中一切平安，惟满叔有病未愈。目下危急之处有三：一系宁国鲍、张两军粮路已断，外无援兵；一系旌德朱品隆一军被贼围扑，粮米亦缺；一系九洑洲之贼窜过北岸，恐李世忠不能抵御。大约此三处者断难幸全。

余两月以来，十分忧灼，牙疼殊甚，心绪之恶，甚于八年春在家、十年春在祁门之状。尔明年新正来此，父子一叙，或可少纾忧郁。

尔近日走路，身体略觉厚重否？说话略觉迟钝否？鸿儿近学作试帖诗否？袁氏婿近常在家否？尔若来此，或带袁婿与金二外甥同来亦好。

涤生手示

（同治元年十月二十四日）

［译文］

字谕纪泽、纪鸿儿：

最近没有收到家信，想来五宅都平安。

这边军事情况，金陵于初五日解围，营中一切平安，唯有满叔生病没有痊愈。眼下危险紧急之处有三：一是宁国鲍、张两军运粮的道路已被切断，外部没有援兵；一是旌德朱品隆一军被贼军围攻，粮食也紧缺；一是九洑洲的贼军窜过北岸，恐怕李世忠不能抵御。大概这三处危急很难解决。

我两个月以来，十分忧虑焦灼，牙齿痛的十分严重，心绪的恶劣，比咸丰八年春天在家、咸丰十年春天在祁门时的状况还厉害。你明年正月来这里，我们父子谈心聊天，或许可以稍微缓解心中忧郁。

你近来走路，身体稍微有稳重的感觉吗？说话稍微觉得缓慢吗？鸿儿近来学习作试帖诗了吗？袁氏婿近来经常在家吗？你如果来这里，把袁婿和金二外甥一起带来也好。

涤生手示

（同治元年十月二十四日）

［评析］

此信叙述了战事危急的情况，并表现出了深深的担忧，也可以看出如此战况对曾国藩的心情影响十分严重。同时，即便是战事危急之时，曾国藩也不忘记对后辈学习、修身的考察。这种关心后辈学习成长的行为，值得后人学习。

五十一　谕纪泽（诗文立意要超群离俗）

字谕纪泽儿：

二十九接尔十月十八在长沙所发之信，十一月初一又接尔初九日一禀，并与左镜和唱酬诗及澄叔之信，具悉一切。

尔诗胎息近古，用字亦皆的当。惟四言诗最难有声响，有光芒，虽《文选》、韦、孟以后诸作，亦复尔雅有余，精光不足。扬子云之《州箴》、《百官箴》诸四言，刻意摹古，亦乏作作之光，渊渊之声。余生平于古人四言，最好韩公之作。如《祭柳子厚文》、《祭张署文》、《进学解》、《送穷文》诸四言，固皆光如皎日，响如春霆，即其他凡墓志之铭词及集中如《淮西碑》、《元和圣德》各四言诗，亦皆于奇崛之中迸出声光，其要不外意义层出、笔仗雄拔而已。自韩公而外，则班孟坚《汉书·叙传》一篇，亦四言中之最隽雅者。尔将此数篇熟读成诵，则于四言之道自有悟境。

镜和诗雅洁清润，实为吾乡罕见之才，但亦少奇矫之致。凡诗文欲求雄奇矫变，总须用意有超群离俗之想，乃能脱去恒蹊。尔前信读《马汧督诔》，谓其沉郁似《史记》，极是，极是。余往年亦笃好斯篇，尔若于斯篇及《芜城赋》、《哀江南赋》、《九辩》、《祭张署文》等篇吟玩不已，则声情自茂，文思汩汩矣。

此间军事，危迫异常，九洑洲之贼纷窜江北，巢县、和州、含山俱有失守之信。余日夜忧灼，智尽能索，一息尚存，忧劳不懈，他非所知耳！

尔行路渐重厚否？纪鸿读书有恒否？至为廑念。余详日记中。

涤生手示

（同治元年十一月初四日）

［译文］

字谕纪泽儿：

二十九日收到你十月十八日在长沙发出的信，十一月一日又收到你十月九日的一封禀文，以及与左镜和唱和的诗、澄叔的信，一切情况都知道了。

你的诗胎息与古人的诗相近，用字也都很得当。只是四言诗最难写得响亮、有光芒。尽管《文选》中有孟子以后的各种作品，但也是雅气有余，精气光芒不足。扬子云的《州箴》、《百官箴》等四言诗，刻意仿古，也缺乏作作之光、渊渊之声。我平生对于古人的四言诗，最喜欢韩愈的作品，如《祭柳子厚文》、《祭张署文》、《进学解》、《送穷文》各篇四言佳作，都如皎皎红日闪光一样，响亮如隆隆春雷。即便是其他所有墓志之铭、词及集中如《淮西碑》、《元和圣德》各文四言诗，也都是在奇崛之中迸发出乐音和光芒。其关键不外乎是含义层出、笔势雄劲挺拔而已。除韩愈之外，就是班孟坚的《汉书·叙传》一篇，也是四言诗中最俊雅的作品。你把这几篇熟读、背诵，就会对四言诗的境界有所领悟。

镜和的诗雅洁清润，确实是我们家乡罕见的诗才，但也缺少新奇的意境。凡是诗文要求雄奇变化，总须有超群脱俗的构想，才能脱离固定的模式。你前一封信中说读《马汧督诔》，就像读《史记》一样沉郁，很对。我早年也喜欢这篇文章。你假如对这篇诔文及《芜城赋》、《哀江南赋》、《九辩》、《祭张署文》等篇不断琢磨，就会声情并茂，文思泉涌的。

这里军事状况异常紧迫。九洑洲的敌人纷纷窜往江北，巢县、和州、含山都有失守的消息。我日夜焦急担忧，用尽了全部智慧和能力，只要还有一口气在，必定不懈奋斗，这是别人不知道的！

你走路渐渐稳重些了吗？纪鸿读书有恒心吗？非常惦念。其他的详写在日记中。这次没有给澄叔的信，你把详情向他禀告。

涤生手示

（同治元年十一月初四日）

［评析］

对四言诗进行了点拨，认为四言诗最难写得响亮、有光芒，建议儿子读韩愈的四言诗文，班孟坚的《汉书·叙传》一篇，对其熟读、背诵，就会对四言诗的境界有所领悟。此时战事紧迫，曾国藩对战争忧心忡忡，或许这更坚定了他使儿子从文的信念，才在信中孜孜不倦地教诲幼子读书写作。

五十二　谕纪泽（宜从刚字厚字用功）

字谕纪泽儿：

二十二、二十三日连寄二信与澄叔，驿递长沙转寄，想俱接到。

季叔赍志长逝，实堪伤恸！沅叔之意，定以季榇葬马公塘，与高轩公合冢。尔即可至北港迎接。一切筑坟等事，禀问澄叔，必恭必悫。俟季叔葬事毕后，再来皖营可也。

尔现用油纸摹帖否？字乏刚劲之气，是尔生质短处，以后宜从

“刚”字“厚”字用功,特嘱。

涤生手示

(同治元年十一月二十四日)

[译文]

字谕纪泽儿:

二十二三日接连寄信给澄叔,驿站传递到长沙再转寄,想必都已收到。

季叔壮志未酬而长逝,实在是应该悲伤哀恸。沅叔的意思,决定让季叔安葬在马公塘,与高轩公合葬一个灵冢。你即可到北港去迎接。所有筑坟等事情,请示澄叔,必须恭敬必须诚笃忠厚。等到季叔丧事完毕之后,再到安徽我的营地来。

你现在还用油纸临摹帖子吗?字体缺乏刚劲之气,是你生来具有的短处,以后应该从刚劲厚实之处用功。特别嘱咐。

涤生手示

(同治元年十一月二十四日)

[评析]

此信言简意赅,或许是兄弟去世不胜悲恸,心中之情不易言表,或许是战事急迫,无暇详说。在信中嘱托长子料理事务,遇有要事需请教长辈,但仍不忘教育儿子待人懂礼忠厚。

五十三　谕纪泽(当从怪奇诙谐处细心领会韩诗)

字谕纪泽儿:

十一日接十一月二十二日来禀,内有鸿儿诗四首。十二日又接初五日来禀,其时尔初自长沙归也。两次皆有澄叔之信,具悉一切。

韩公五言诗,本难领会,尔且先于怪奇可骇处、诙谐可笑处细心领会。可骇处,如咏落叶,则曰“谓是夜气灭,望舒陨其圆”;咏作文,则曰“蛟龙弄角牙,造次欲手揽”。可笑处,如咏登科,则曰“侪辈妒且热,喘如竹筒吹";咏苦寒,则曰"羲和送日出,恇怯频窥觇"。尔从此等处用心,可以长才力,亦可添风趣。

鸿儿试帖,大方而有清气,易于造就,即日批改寄回。

季叔奉初六恩旨追赠按察使,照按察使军营病故例议恤,可称极优,兹将谕旨录归。此间定于十九日开吊,二十日发引,同行者为厚四、甲二、甲六、葛抙山、江龙三诸族戚,又有员弁亲兵等数十人送之,大约二月可到湘潭。葬期若定二月底三月初,必可不误。

下游军事渐稳。北岸萧军于初十日克复运漕,鲍军粮路虽不甚通,而贼实不悍,或可勉强支持。此信送澄叔一阅。

(同治元年十二月十四日)

[译文]

字谕纪泽儿:

十一日接到十一月二十二日来信,内有鸿儿诗四首。十二日又收到初五日来信,那时你刚从长沙回到家中。两次都有澄叔的来信,尽知一切。

韩公的五言诗本来很难领会其中意思,你可先在其中的奇怪可怕之处、诙谐可笑之处细心领会。可怕之处,如咏落叶,则写道"谓是夜气灭,望舒陨其圆";咏作文,则写为"蛟龙弄角牙,造次欲手揽"。可笑的地方,比如咏登科,则写道"侪辈妒且热,喘如竹筒吹";咏苦寒,则写为"羲和送日出,诓怯频窥觇"。你就要从这些地方用心,可以增长才能,也可以增添风趣。

鸿儿试写的字帖,大方而且很清爽,易于造就,今天批改好就寄回。

季叔在初六奉圣旨追赠为按察使,依照按察使在军营病故条例获得抚恤,可以认为是非常优待了,现在谕旨录下一阅。这里定在十九日祭奠,二十日出发,同行的有厚四、甲二、甲六、葛抙山、江龙三这些亲族,还有亲兵等数十人护送。大约二月可到达湘潭。葬期如果定在二月底三月初。必然不会耽误。

下游军事又逐渐平稳。江北岸萧军在初十日攻占运河,鲍军运粮之路虽然不怎么畅通。但敌人实是不强悍,大概还可以勉强支持。这封信送给澄叔一阅。

(同治元年十二月十四日)

［评析］

具体讲解韩愈的五言诗，建议从学习韩诗的“可怕”与“可笑”处入手，认为学习这些可以增长才能，增添风趣，由此可见曾国藩做学问是兼收并蓄，而并非固守程朱理学、死板陈旧。

下 卷

五十四 谕纪泽(劝诸妹以耐劳忍气为要)

字谕纪泽儿:

萧开二来,接尔正月初五日禀,得知家中平安。罗太亲翁仙逝,此间当寄奠仪五十金、祭幛一轴,下次付回。

罗婿性情乖戾,与袁婿同为可虑,然此无可如何之事,不知平日在三女儿之前,亦或暴戾不近人情否?尔当谆嘱三妹,柔顺恭谨,不可有片语违忤。三纲之道,君为臣纲,父为子纲,夫为妻纲,是地维所赖以立,天柱所赖以尊。故《传》曰:君,天也;父,天也;夫,天也。《仪礼》记曰:君,至尊也;父,至尊也;夫,至尊也。君虽不仁,臣不可以不忠;父虽不慈,子不可以不孝;夫虽不贤,妻不可以不顺。吾家读书居官,世守礼义,尔当诰戒大妹、三妹忍耐顺受。吾于诸女妆奁甚薄,然使女果贫困,吾亦必周济而覆育之。目下陈家微窘,袁家、罗家并不忧贫,尔谆劝诸妹,以能耐劳忍气为要。吾服官多年,亦常在"耐劳忍气"四字上做工夫也。

鲍春霆正月初六日泾县一战后,各处未再开仗。春霆营士气复旺,米粮亦足,应可再振。伪忠王复派贼数万续渡江北,非希庵与江味根等来,恐难得手。

余牙疼大愈,日内将至金陵,一晤沅叔。此信送澄叔一阅,不另致。

(同治二年正月二十四日)

［译文］

字谕纪泽儿：

萧开二来了，接到你正月初五的请教信，知道家中一切都好。罗太亲翁逝世，现在应当寄五十两礼金、一轴祭幛以表念奠。下次寄回去。

罗婿性格乖张暴戾，和袁婿一样让人忧虑，但是这也是没有办法的事。不知道平时他对三女儿是不是也暴戾无常、不近人情？你应该耐心叮嘱三妹要温柔顺从恭敬谨慎，不能说一点违背反抗的话。三纲之道，君为臣纲、父为子纲、夫为妻纲，地维依赖这三纲而确立，天柱依赖这三纲而至尊。所以《传》说：君，天也；父，天也；夫，天也，《仪礼》记载：君至尊也，父至尊也，夫至尊也，君虽不仁，臣不可以不忠；父虽不慈，子不可以不孝；夫虽不贤，妻不可以不顺。我们家读书做官世代遵守礼仪，你应当告诫大妹三妹忍耐顺从，我给各女的嫁妆很少，但是如果诸女们真的贫困，我也一定会尽力帮助的。眼下陈家家境窘迫，袁家和罗家并不很贫穷。你要多多耐心劝导各位妹妹，要以吃苦耐劳忍气吞声作为最重要的，我做官这么多年，却也要经常在耐劳忍气四个字上下工夫。

自从正月初六鲍春霆在泾县打了一仗后，其他地方还没有再打仗。春霆兵营中士气很高，粮草也很充足，应当可以更加振奋，伪忠王（指李秀成）又派几万名敌军继续渡到江北，看来希庵和江味根等军不会很顺手地取得成功。

我的牙疼病已经全好了，近几天将要至金陵去见你沅叔。这封信也让澄叔看看，我就不另写了。

（同治二年正月二十四日）

［评析］

女婿性格乖张暴戾，曾国藩却要求女儿顺从谨慎，不能有丝毫反抗，用今天的眼光看来，的确是迂腐至极。但曾国藩作为儒家文化的集大成者，恪守儒家的礼仪文化，信仰三纲五常，故而做出这样的要求也是理所当然。他要求女儿吃苦耐劳忍气吞声，正如他经常说的即便打掉牙齿也要连血咽下去一样，是他从儒学中学到的韬光养晦之道。这种忍耐对于成就大事者来说是极其必要的，但对于女儿在夫家受气却仍要求她隐忍承受就未免不近人情。

五十五　谕纪泽(读书须有恒)

字谕纪泽儿:

二月二十一日在运漕行次,接尔正月二十二日、二月初三日两禀,并澄叔两信,具悉家中五宅平安。大姑母及季叔葬事,此时均当完毕。

尔在团山嘴桥上跌而不伤,极幸,极幸:闻尔母与澄叔之意欲修石桥,尔写禀来,由营付归可也。《礼》云:"道而不径,舟而不游。"古之言孝者,专以保身为重。乡间路窄桥孤,嗣后吾家子侄,凡遇过桥,无论轿马,均须下而步行。

吾本意欲尔来营见面,因远道风波之险,不复望尔前来。且待九月霜降水落,风涛性定,再行寄谕定夺。目下尔在家饱看群书,兼持门户。处乱世而得宽闲之岁月,千难万难,尔切莫错过此等好光阴也。

余以十六日自金陵开船而上,沿途阅看金柱关、东西梁山、裕溪口、运漕、无为州等处,军心均为稳固,布置亦尚妥当,惟兵力处处单薄,不知足以御贼否?余再至青阳一行,月杪即可还省。南岸近亦吃紧:广匪两股窜扑徽州,古、赖等股窜扰青阳,其志皆在直犯江西,以营一饱,殊为可虑。

澄叔不愿受沅之貤封,余当寄信至京,停止此举,以成澄志。尔读书有恒,余欢慰之至。第所阅日博,亦须札记一二条,以自考证。脚步近稍稳重否?常常留心!此嘱。

(同治二年二月二十四日)

[译文]

字谕纪泽儿:

二月二十一日在运漕行船时,接到你正月二十二日、二月初三日的两封信和澄叔的两封信,知道家中一切都好。大姑母和季叔的葬礼,现在都应该办完善了吧。

你在团山嘴桥上跌倒而没有受伤,真是万幸呀。听说你母亲和澄叔的意思是想修座石桥,你写信来,从营中转付也可以。《周礼》中说:“道而不径,舟而不游。”古人所说的孝,专以保身为重,乡间路窄桥孤,以后我们家的后代凡是遇到要过桥的时候,无论是坐轿、骑马都应该下来步行。

我本来想让你来营地见我,但因路途太远而且有风险,不再希望你来,等到九月下霜停雨之后,气候不再变化无常了,再给你寄信告诉你来营的日期。现在你在家博览群书,兼管主持门户。处在乱世,能得到比较宽闲岁月,实在难得,你一定不要错过这样的好时光呀。

我十六日从金陵坐船而上,沿途视察了金柱关、东西梁山、裕溪口、运漕、无为州等地,军心还算稳定,布置也还算稳妥,只是兵力到处都较薄弱,不知道能不能抵挡敌人。我再去春阳走一走,月末就可以回省。南岸近来也很紧张。两股广东的敌军进攻徽州,古、赖等几股敌军进攻青阳。其目的都是要直接进犯江西才获满足,我深为忧虑。

澄叔不愿意接受给沅叔的赐封。我应该马上给京城寄封信,停止这项举措,成全澄叔的意志。你读书有恒心,我特别欣慰。只是读书一天天广博,也必须做一两条札记,用来自己考证。最近走路脚步是不是稳重些了? 要常常小心。此嘱。

(同治二年二月二十四日)

[评析]

曾国藩经历种种人世沧桑,尤其是近时又有亲人去世,儿子摔伤,所以更加注重保身。但他强调的保身并非苟且偷生,而是为了实现孝道,古人讲“舟而不游,道而不径,能全支体以守宗庙,可谓孝矣”,也正是强调避免危险,保全自我,以尽孝道。

五十六　谕纪泽(好文章应手抄熟读背诵)

字谕纪泽儿:

接尔二月十三日禀并《闻人赋》一首,具悉家中各宅平安。

尔于小学训诂,颇识古人源流,而文章又窥见汉魏六朝之门径,欣慰无已。余尝怪国朝大儒如戴东原、钱辛楣、段懋堂、王怀祖诸老,其小学训诂，实能超越近古，直逼汉唐，而文章不能追寻古人深处，达于本而阂于末，知其一而昧其二，颇所不解。私窃有志，欲以戴、钱、段、王之训诂，发为班、张、左、郭之文章（晋人左思、郭璞，小学最深，文章亦逼两汉，潘、陆不及也），久事戎行，斯愿莫遂。若尔曹能成我未竟之志，则至乐莫大乎是，即日当批改付归。

尔既得此津筏，以后便当专心一志，以精确之训诂，作古茂之文章。由班、张、左、郭，上而扬、马，而《庄》《骚》，而《六经》，靡不息息相通；下而潘、陆，而任、沈，而江、鲍、徐、庾，则词愈杂，气愈薄，而训诂之道衰矣。至韩昌黎出，乃由班、张、扬、马而上跻《六经》，其训诂亦甚精当。尔试观《南海神庙碑》、《送郑尚书序》诸篇，则知韩文实与汉赋相近，又观《祭张署文》、《平淮西碑》诸篇，则知韩文实与《诗经》相近。近世学韩文者，皆不知其与扬、马、班、张一鼻孔出气，尔能参透此中消息，则几矣。

尔阅看书籍颇多，然成诵者太少，亦是一短。嗣后宜将《文选》最惬意者熟读，以能背诵为断，如《两都赋》、《西征赋》、《芜城赋》及《九辩》、《解嘲》之类，皆宜熟读。《选》后之文，如《与杨遵彦书》（徐）、《哀江南赋》（庾），亦宜熟读。又经世之文如马贵与《文献通考》序二十四首，天文如丹元子之《步天歌》（《文献通考》载之，《五礼通考》载之），地理如顾祖禹之《州域形势叙》（见《方舆纪要》首数卷，低一格者不必读，高一格者可读，其排列某州某郡无文气者，亦不必读）。以上所选文，七篇三种，尔与纪鸿儿皆当手钞熟读，互相背诵。将来父子相见，余亦课尔等背诵也。

尔拟以四月来皖，余亦甚望尔来，教尔以文。惟长江风波，颇不放心，又恐往返途中抛荒学业，尔禀请尔母及澄叔酌示。如四月起程，则只带袁婿及金二甥同来；如八九月起程，则奉母及弟妹妻女合家同来。到皖住数月，孰归孰留，再行商酌。目下皖北贼犯湖北，皖南贼犯江西，今年上半年必不安静，下半年或当稍胜。尔若于四月来谒，舟中宜十分稳慎；如八月来，则余派大船至湘潭迎接可也。

涤生手示

（同治二年三月初四日）

［译文］

字谕纪泽儿：

接到你二月十三日的来信和《闻人赋》一首，知道家中一切平安。

你在小学（语言文字学）训诂方面很了解古人的源流，而在文章方面又明白了汉魏六朝的门道，我感到非常欣慰。我曾经感到奇怪，本朝大儒如戴东原、钱辛楣、段懋堂、王怀祖各位老先生，他们在小学训诂方面实际上能超越近古，非常接近汉唐，但在文章方面却不能追寻古人的深意，认识了基本的东西却也忽视了某些细节，知其一而不知其二，对此我有些不理解。我暗暗立下志向，想要以戴东原、钱辛楣、段懋堂、王怀祖的训诂，引发而为班固、张华、左思、郭璞那样的文章（晋朝人左思、郭璞对语言文字学的造诣最深，文章也非常接近两汉，潘岳、陆机都比不上）。但长期从军，这个愿望没能实现。要是你们能完成我没有完成的志向，那么没有比这更大的快乐了。你寄来的文章，我立刻就会批改寄回来。

你既然得到了这个门道，以后就应当专心致志，以精确的训诂，写出功底深厚的文章。从班固、张华、左思、郭璞开始，上至扬雄、司马迁，至《庄子》、《离骚》以及《六经》，无不息息相通；下至潘岳、陆机，至任昉、沈约以及江淹、鲍照、徐陵、庾信，词越杂，气势也就越薄弱，因此训诂的学问衰竭了。到韩愈出来，才继承班固、张华、扬雄、司马迁的文风，并往上继承了《六经》，他的训诂学问因此也很精当。你试着阅读《南海神庙碑》、《送郑尚书序》各篇，就明白韩愈的文章事实上与汉赋接近；又看看《祭张署文》、《平淮西碑》各篇，就知道韩愈的文章事实上又与《诗经》接近，近代学韩愈文章的人，都不明白他与扬雄、司马迁、班固、张华是一脉相承的。你能领会此中一消一长、互为更替的情况，就差不多了。

你阅读的书籍比较多，但是能够背诵的却太少，这也是一大短处，以后应该将《文选》中最惬意的文章熟读，以能背诵为止。例如《两都赋》、《西征赋》、《芜城赋》和《九辩》、《解嘲》之类的文章都应该熟读。《选》后边的文章如《与杨遵彦书》（徐）、《哀江南赋》（庾）也应该熟读。还有传留世代的文章，例如马贵与的《文献通考》序二十四首，天文学方面的例如丹元之子的《步天歌》（《文献通考》有载，《五礼通考》有载），地理学方面的如顾祖禹的《州域形势叙》（见《方舆纪要》首数卷，低一格的内容不必读，高一格者可读，其中排列某州某郡无文气也不必读）。以上我选的三种共七篇文章，你和纪鸿儿都要抄写并熟读，互相背诵，将来我们父子见面，我也要考你们背诵。

你打算四月来安徽，我也很希望你来，教你做文章。只是长江风浪太大，我很不放心，又怕你在往返的途中荒废学业，你请示你母亲和澄叔请他们斟酌决定。如果四月起程，就只带袁婿和金二外甥一起来，如果八、九月起程，就陪同母亲和弟妹及其妻子女儿全家一起来。到安徽住几个月，谁回去谁留下，到时再商量。现在皖北的敌军进犯湖北，皖南的敌军进犯江西，今年上半年一定不会平静，下半年也许好一些。如果你四月来看我，坐船要十分谨慎，如果八月来，那我就派大船到湘潭去接你们。

涤生手示

（同治二年三月初四日）

[评析]

同治元年五月十四日的信中曾国藩已经提出应从小学与文章的结合方面入手来学做学问，此信则把这一要求进一步细化，足见其诲人不倦。另提出学习前人文章应抄写、熟读、背诵，这是古人学习的重要方法，也值得今人借鉴。

五十七　谕纪泽(尔能抗心希古，大慰余怀)

字谕纪泽儿：

顷接尔禀及澄叔信，知余二月初四在芜湖下所发二信同日到家，季叔与伯姑母葬事皆已办妥。尔从楮山处归来，俗务应稍减少。

此间近日军事最急者，惟石涧埠毛竹丹、刘南云营盘被围，自初三至初十，昼夜环攻，水泄不通。次则黄文金大股由建德窜犯景德镇。余本檄鲍军救援景镇，因石涧埠危急，又令鲍改援北岸，沅叔亦拨七营援救石涧埠。只要守住十日，两路援兵皆到，必可解围。又有捻匪由湖北下窜，安庆必须安排守城事宜。各路交警，应接不暇，幸身体平安，尚可支持。

《闻人赋》圈批发还。尔能抗心希古，大慰余怀。纪鸿颇好学否？尔说话走路，比往年较迟重否？

付去高丽参一斤，备家中不时之需。又付银十两，尔托楮山为我买好茶叶若干斤。去年寄来之茶，不甚好也。此信送与澄叔一看，不另寄。奏章谕旨一本查收。

涤生手示

（同治二年三月十四日）

［译文］

字谕纪泽儿：

刚刚收到你的禀贴和澄叔的信，得知我二月初四在芜湖所寄出的两封信同一天到达家中，季叔和伯姑母的葬事都已经办妥。你从櫧山归来，俗务应当稍微减少。

这边近来战况最危急的，唯有石涧埠毛竹丹、刘南云营盘被包围，从初三至初十，日夜围攻，水泄不通。其次是黄文金大股军队从建德窜侵犯景德镇。我原本命令鲍军救援景德镇，因石涧埠危急，又令鲍军改援北岸，沅叔也派出七营援救石涧埠。只要坚守十天，等两路援都到，必定可以解围。又有捻匪从湖北下窜，安庆必须安排守城之事。各路人马交相警告，应接不暇，所幸身体平安，尚可以支持。

《闻人赋》已经圈批后寄回。你能保持心志高尚，取法古贤，使我十分欣慰。纪鸿十分好学吗？你说话和走路，与去年相比是否更加舒缓、稳重？

付寄回高丽参一斤，以备家中不时之需。又付回银子十两，你托櫧山为我买上好茶叶若干斤。去年寄来的茶叶不太好。这封信送给澄叔一看，不另外寄信与他了。另有奏章谕旨一本，注意查收。

涤生手示

（同治二年三月十四日）

［评析］

此信前面叙述军事情况，从中可以看出曾国藩用兵之道。后半部分对纪泽的表现给予肯定，“尔能抗心希古，大慰余怀”可以看出儿子的表现在曾国藩心中占有重要位置。同时也对纪泽说话快、走路不稳的缺点给予关心，这种先鼓励，后教导的方法也不失为一种较好的教子之道。

五十八　谕纪鸿(尔应往过科考)

字谕纪鸿儿:

接尔禀件,知家中五宅平安,子侄读书有恒,为慰。

尔问今年应否往过科考,尔既作秀才,凡岁考、科考,均应前往入场,此朝廷之功令,士子之职业也。惟尔年纪太轻,余不放心。若邓师能晋省送考,则尔凡事有所禀承,甚好,甚好。若邓师不赴省,则尔或与易芝生先生同往,或随丯山、镜和、子祥诸先生同伴,总须得一老成者照应一切,乃为稳妥。尔近日常作试帖诗否?场中细检一番,无错平仄,无错抬头也。此次未写信与澄叔,尔为禀告。

涤生手示

(同治二年五月十八日)

[译文]

字谕纪鸿儿:

接到你的来信,知道家中五宅平安,子侄读书持之以恒,我深感欣慰。

你问今年是否参加科考?既然你作为秀才,凡是岁考科考,那应该前往参加,这是朝廷的命令,士子的职业呀。只是你年纪太小,我不放心,如果邓师傅能送你到省城参加考试,那么你的许多事情就能得到照应,这样是最好。如果邓老师不到省城,那么你就和易芝先生一块住,或者跟丯山、镜和、子祥各位先生同伴。总须有一个老先生照顾一切,才比较稳妥。近来你经常作试帖诗不作?在考场中要仔细检查一下,平仄错了没有,抬头错了没有。这次没给澄叔写信,你代我禀告。

涤生手示

(同治二年五月十八日)

［评析］

儿行千里母担忧，幼子远赴省城参加科考，作为父亲的曾国藩同样不能放心，再三叮嘱幼子上路要有老师陪伴，或和其他先生同行，殷切嘱托可见曾国藩对子关切之深。

五十九　谕纪鸿(嫁女不可贪恋母家富贵而忘其翁姑)

字谕纪鸿：

接尔澄叔七月十八日信并尔寄泽儿一函，知尔奉母于八月十九日起程来皖，并三女与罗婿一同前来。现在金陵未复，皖省南北两岸，群盗如毛，尔母及四女等姑嫂来此，并非久住之局。大女理应在袁家侍姑尽孝，本不应同来安庆，因榆生在此，故吾未尝写信阻大女之行。若三女与罗婿，则尤应在家事姑事母，尤可不必同来。余每见嫁女贪恋母家富贵而忘其翁姑者，其后必无好处。余家诸女，当教之孝顺翁姑，敬事丈夫，慎无重母家而轻夫家，效浇俗小家之陋习也。三女夫妇若尚在县城、省城一带，尽可令之仍回罗家，奉母奉姑，不必来皖。若业已开行，势难中途折回，则可同来安庆一次，小住一月二月，余再派人送归。其陈婿与二女，计必在长沙相见，不可带之同来。俟此间军务大顺，余寄信去接可也。

涤生手示

（同治二年八月初四日）

［译文］

字谕纪鸿：

收到你澄叔七月十八日信和你给纪泽的一封信，得知你陪同母亲将于八月十九日动身来安徽，并有三女儿与罗婿一道前来。如今金陵还没有收复，安徽省长江南北两岸群盗如毛，你母亲和四女儿等姑嫂来此，并不是久住之计。大女儿本应在袁家服侍婆母尽孝，本不应同来安庆，但由于袁榆生在这里，因此我没有写信阻止大女儿之行。像三女儿与罗婿则更应在家侍奉婆婆、侍奉母亲，尤可不必同来。我每见因为贪恋娘家富贵而忘记自己侍奉公公婆婆责任的嫁女，其今后必定没有好处。对我家各女儿应当教育她们孝顺公婆，敬侍丈夫，切不可重母家，轻夫家，学习轻薄小家之陋习。三女儿夫妇若是还在县城或省城一带，要尽可能让他们仍然回罗家服侍母亲，服侍婆婆，不必来安徽。如果已经出发，情势实在难以折回了，则可同来安庆一次。小住一两个月，我再派人送回去。陈婿与二女儿预计必在长沙相遇，不可带他们同来。等此期间军务大顺时，我写信去接他们就可以了。

涤生手示

（同治二年八月初四日）

［评析］

对于儿子，曾国藩要求其承担家业，用功读书；对于女儿，曾国藩教育她们孝顺公婆，敬侍丈夫，不可贪恋母家富贵而忘其公婆。为人父母，能够如此深明大义，的确值得我们今人敬仰。

六十　谕纪鸿（沿途不可惊动官长）

字谕纪鸿：

尔于十九日自家起行，想九月初可自长沙挂帆东行矣。船上有大“帅”字旗，余未在船，不可误挂。经过府县各城，可避者略为避开，不可惊动官长，烦人应酬也。

余日内平安，沅叔及纪泽等在金陵亦平安。此谕。

涤生手示

（同治二年八月十二日）

［译文］

字谕纪鸿：

你从十九日自家中出发，想必九月初可从长沙挂帆向东。船上有大“帅”字的旗帜，我没有在船上，不可以挂出来。经过各府县各城市，可避的人尽可能地避开，不可以惊动官长，麻烦别人来应酬。

我现在平安。沅叔和纪泽等人在金陵也平安。此谕。

涤生手示

（同治二年八月十二日）

［评析］

此信虽然简短，但在简单的交代中足见曾国藩为人低调、不事张扬。曾国藩历来反对家人以他的名义沽名钓誉，所以当儿子前来安徽的途中，他交代不许挂大“帅”旗帜，不许惊动地方官长，从他朴素的言谈中我们读出了名副其实的君子作风。

六十一　复纪瑞（孝弟勤俭）

字寄纪瑞侄左右：

前接吾侄来信，字迹端秀，知近日大有长进。纪鸿奉母来此，询及一切，知侄身体业已长成，孝友谨慎，至以为慰。

吾家累世以来，孝弟勤俭。辅臣公以上吾不及见，竟希公、星冈公皆未明即起，竟日无片刻暇逸。竟希公少时在陈氏宗祠读书，正月上学，辅臣公给钱一百。为零用之需，五月归时，仅用去一文，尚余九十九文还其父，其俭如此。星冈公当孙入翰林之后，犹亲自种菜收粪。吾父竹亭公之勤俭，则尔等所及见也。

今家中境地虽渐宽裕，侄与诸昆弟切不可忘却先世之艰难，有福不可享尽，有势不可使尽。“勤”字工夫，第一贵早起，第二贵有恒。“俭”字工夫，第一莫着华丽衣服，第二莫多用仆婢雇工。凡将相无种，圣贤豪杰亦无种，只要人肯立志，都可以做得到的。侄等处最顺之境，当最富之年，明年又从最贤之师，但须立定志向，何事不可成？何人不可作？愿吾侄早勉之也。

荫生尚算正途功名，可以考御史。待侄十八岁，即与纪泽同进京应考。然侄此际专心读书，宜以八股、试帖为要，不可专恃荫生为基，总以乡试、会试能到榜前，益为门户之光。纪官闻甚聪慧，侄亦以“立志"二字,兄弟互相劝勉,则日进无疆矣。顺问近好。

涤生手示

(同治二年十二月十四日)

[译文]

字寄纪瑞侄左右:

目前接到侄儿来信,字体端庄秀丽,可知你近日有长足进步。纪鸿陪他母亲来我这里,向他问起各方面情况,得知侄儿你身体已经长成,为人孝顺友爱谨慎,这是对我极大的安慰。

我家世世代代以来,都是孝悌勤俭。高祖父辅臣公以上的情况我没有来得及看到,而曾祖父竟希公、祖父星冈公都是天没亮就起床了,整天没有时刻闲暇与休息。竟希公小时候在陈氏宗祠读书,正月上学,辅臣公给钱一百文,作为零用钱,五月放假回家,仅仅用去一文钱,还剩九十九文退还给父亲。其节俭到了如此地步。星冈公在自己的孙子入翰林之后,依旧坚持亲自种菜收粪。至于吾父竹亭公的勤俭情况,则是你们所亲眼看到的。

如今家中的境地尽管逐渐宽裕,侄儿与诸位兄弟切不可忘记祖宗前世的艰苦。你们有福不可以享尽,有势不可以用尽。"勤"字方面应下的工夫,第一贵在早起,第二贵在有恒;"俭"字方面应下的工夫,第一不要穿绚丽的衣服,第二不要多用佣婢雇工。大凡将相是没有种的,圣贤豪杰也是没有种的,只要人们肯立定志向,都是能够做得到的。贤侄儿你等身处最顺遂的环境,又正当年轻有发展的岁数,明年起又可以师从最贤明的师长,只要能够立定自己的志向,有什么事情做不成?什么样的人你做不到呢?希望侄儿早早为此努力。

荫生还算是功名的正途,能够考御史。等到侄儿十八九岁的时候,就和纪泽一同进京应试。但是侄儿这时期一门心思读书,应该以八股文和试帖诗为主,可不能只恃仗着将来可以荫监生为事业之基,总还是以参加乡试、会试,能够金榜题名,为家门增光。听说纪官很聪明智慧,侄儿你应该用立志二字兄弟们互相勉励,则每天进步无限。顺问近好。

涤生手示

(同治二年十二月十四日)

[评析]

此信为曾国藩写给侄儿纪瑞,语气亲切,态度和蔼,但同样提出了要求。这些要求他对自己的儿子早已提出，如今对侄儿也以同样的方式教诲。曾国藩生怕家人因家境转好而染上纨绔子弟的陋习，因此希望侄儿与诸位兄弟有福不可享尽，有势不可用尽，以勤俭为本，承继家风，光耀门楣。

六十二　谕纪泽(一切以“勤俭”二字为主)

字谕纪泽儿：

二十四日申正之禀，二十六申刻接到。余于二十五日巳刻抵金陵陆营，文案各船亦于二十六日申刻赶到。

沅叔湿毒未愈，而精神甚好。伪忠王曾亲讯一次，拟即在此杀之。由安庆咨行各处之摺，在皖时未办咨札稿，兹寄去一稿。若已先发，即与此稿不符，亦无碍也。刻摺稿寄家可一二十分，或百分亦可。沅叔要二百分，宜先尽沅叔处，此外各处不宜多散。

此次令王洪陞坐轮船于二十七日回皖，以后送包封者仍坐舢板归去。包封每日止送一次，不可再多。尔一切以“勤谦”二字为主，至嘱。

顷见安庆付来之咨行稿甚妥，此间稿不用矣。

（同治三年六月二十六日酉刻）

［译文］

字谕纪泽儿：

二十四日申正写就的禀帖，于二十六日申刻接到。我于二十五日巳刻抵达金陵陆军行营，文职随员所乘各船也于二十六日申刻赶到。

你沅叔湿毒之病还没有痊愈，但精神很好。敌之伪忠王我已亲自审问过一次，我准备就在此地把他杀掉。从安庆以咨文分行各处的那件奏折，我在安庆时没有写好咨文、札文的文稿，现寄去一稿。如果咨文已经发出，那就算与我这一稿不相符合也无妨碍。刻印奏折文稿寄回家，十份、二十份可以，百份也可以。你沅叔要二百份，应优先给沅叔那里。此外其他各处则不宜过多散发。

这一次我令王洪陞坐轮船于二十七日回安庆，以后专送包封的人还是坐舢板回去。包封每天让送一次,不能再多了。你做一切事都要以“勤俭”二字为主,至嘱。

刚看到安庆送来的咨文稿,很妥当,这里拟的稿不必采用了。

(同治三年六月二十六日酉刻)

[评析]

曾国藩巡视金陵,安庆的任务就交给儿子纪泽负责,任重道远,故曾国藩在信中一一交代奏折文稿事宜,并再次强调“勤俭”二字。

六十三　谕纪泽(事已毕近日起程回皖)

字谕纪泽:

日内北风甚劲,未接包封及尔禀信,余亦未发信也。

伪忠王自写亲供,多至五万余字。两日内看该酋亲供,如校对房本误书,殊费目力。顷始具奏洪、李二酋处治之法。李酋已于初六正法,供词亦钞送军机处矣。

沅叔拟于十一二等日演戏请客,余亦于十五前后起程回皖。日内因天热事多,尚未将江西一案出奏,计非五日不能核定此稿。老年畏热,亦畏案牍之繁难。余将来到金陵,即在英王府寓居,顷已派人修理矣。此谕。

涤生手示

(同治三年七月初七日)

[译文]

字谕纪泽:

近来北风十分劲烈,没有接到包封和你的信,我也没有寄信给你。

伪忠王亲自写供词,多达五万余字。两天内看这个匪首的供词,好比校对会试墨卷和误书,十分费眼力。刚刚具奏洪、李二匪首的处治之法。李匪首已于初六日依法处决,供词也抄送军机处了。

沅叔打算于十一二日演戏请客,我也于十五日前后起程回安徽。近来因为天气炎热,事情繁多,尚没有将江西一案出奏,计划没有五天不能核定此稿。老年人怕热,也怕办理公文事务的劳累繁难。我将来到金陵,就在英王府居住,刚刚已派人修理了。此谕。

涤生手示

(同治三年七月初七日)

[评析]

与湘军对抗多年的太平军首领被俘,并写了长达五万字的口供。接着李秀成被正法。其供词经曾国藩审校后抄送军机处一份。同时也为后人留下一段迷案,曾国藩到底有没有窜改这份供词,至今没有确论。后半部分告知自己的行程,以使家人放心。

六十四　谕纪鸿(以“谦谨”二字为主)

字谕纪鸿:

自尔起行后,南风甚多,此五日内却是东北风,不知尔已至岳州否?

余以二十五日至金陵,沅叔病已痊愈。二十八日戮洪秀全之尸,初六日将伪忠王正法。初八日接富将军咨,余蒙恩封侯,沅叔封伯。余所发之摺,批旨尚未接到,不知同事诸公得何懋赏,然得五等者甚少,余借人之力以窃上赏,寸心不安之至。

尔在外,以“谦谨”二字为主。世家子弟,门第过盛,万目所属。临行时,教以“三戒”之首、末二条及力去“傲”“惰”二弊,当已牢记之矣。场前不可与州县来往,不可送条子。进身之始,务知自重。酷热尤须保养身体。此嘱。

(同治三年七月初九日)

[译文]

字谕纪鸿儿:

从你出发之后,南风刮得很厉害。这五天里都是东北风,不知你到岳州没有?

我二十五日抵达金陵,沅叔的病已痊愈。二十八日斩戮洪秀全的尸体,初六将伪忠王处死。初八收到富将军咨文,我蒙皇恩封为侯,沅叔封为伯。我发出的奏折,圣上的批复还没有收到,不知道各位同事得到什么嘉奖,只知得五等爵的人不多。我是依靠别人的力量才得到皇上封赏的,心中非常不安。

你出门在外,要以谦、谨二字为主。世家子弟,门第太兴盛,是众人瞩目的焦点。你临出发时,我拿三个戒条教导过你,其首末两条就是尽力去除傲慢、懒惰这两个弊端,你应已牢牢记住。考试之前不能和州县官员来往,不可送条子,这是你进身的开始,一定要懂得自重,天气炎热尤其要注意保养身体,此嘱。

(同治三年七月初九日)

[评析]

曾国藩深谙功高震主之道,故在收复金陵,瓦解太平军后激流勇退,迅速裁撤湘军,最后得以善终。此信当值领功封赏时所写,他告诫儿子要谦、谨,其实也是在警戒自己不可居功自傲,以常态面对荣耀,其涵养和智慧令古今之人称赞。

六十五　谕纪泽(查前人战功封赏资料)

字谕纪泽儿:

初九日接尔初六申刻之禀,知二十三日之摺,批旨尚未到皖,颇不可解,岂已递至官相处耶?

各处来信皆言须用贺表,余亦不可不办一分。尔请程伯敷为我撰一表,为沅叔撰一表。伯敷前后所作谢折太多,此次拟另送润笔费三十金,盖亦仅见之美事也。

得五等之封者似无多人。余借人之力而窃上赏,寸心深抱不安。从前三藩之役,封爵之人较多,求阙斋西间有《皇朝文献通考》一部,尔试查《封建考》中三藩之役共封几人,平准部封几人,平回部封几人,开单寄来。

伪幼主有逃至广德之说,不知确否?此谕。

涤生手示

(同治三年七月初九日)

［译文］

字谕纪泽儿：

初九日接到你初六日申刻的回禀，得知二十三日的奏折，批旨尚未到皖，颇不可解，难道已递至官文那里了？

各处来信都说须使用贺表，我也不可不办一份。你请程伯敷为我撰写一表，为沅叔撰写一表。伯敷前后所作谢折太多，这次打算另外送上润笔费三十金，这也是少见的美事了。

得到五等之封的似乎没有几人。我借助别人的力量而愧受上赏，内心深感不安。以前三藩之乱，封爵之人比较多，求阙斋西间有《皇朝文献通考》一部，你试查《封建考》中三藩之役共封几人，平准部封几人，平回部封几人，开个单目寄来。

伪幼主有逃至广德的说法，不知是否确实？此谕。

涤生手示

（同治三年七月初九日）

［评析］

曾国藩组建湘军平定太平天国，可谓功高盖世，从而得到皇上的重赏，但心中却十分不安。因为除了自己受封高位之外，湘军中其他将领受“五等之封”的也没有几人，与湘军的付出不成正比。于是让纪泽查阅资料，看看与历史上的平定三藩之乱的事情相比，湘军的努力是否值得。从此信可以看出曾国藩对朝廷不论功行赏的行为不满。

六十六　谕纪泽（发金陵报捷摺）

字谕纪泽：

今早接奉二十九日谕旨，余蒙恩封一等侯、太子太保、双眼花翎；沅叔蒙恩封一等伯、太子少保、双眼花翎；李臣典封子爵，萧孚泗男爵。其余黄马褂九人，世职十人，双眼花翎四人（余兄弟及李、萧）。恩旨本日包封抄回。兹先将初七之摺寄回发刻,李秀成供明日付回也。

涤生手示

(同治三年七日初十日辰刻)

[译文]

字谕纪泽:

今早接到二十九日的谕旨,我承蒙皇恩受封一等侯、太子太保、双眼花翎;沅叔承蒙皇恩受封一等伯、太子少保、双眼花翎;李臣典封子爵,萧孚泗封男爵。其余封赏黄马褂的九人,世代承袭官位者十人,双眼花翎四人(我兄弟及李、萧)。恩旨本日包封抄回。现在先将初七之摺寄回发刻,李秀成的供词明日寄回也。

涤生手示

(同治三年七日初十日辰刻)

[评析]

金陵收复,曾国藩本人及湘军为数不多的几位首领被封官进爵,这些结果与湘军所付出的努力相比,太过单薄。其失望之情可想而知。

六十七　谕纪泽(凡证人发路费,以示体恤)

字谕纪泽:

初十、十一二等日戏酒三日,沅叔料理周到,精力沛然,余则深以为苦。亢旱酷热,老人所畏,应治之事,多阁废者。江西周、石一案,奏稿久未核办,尤以为疚。自六月二十三日起,凡人证皆由余发给盘川,以示体恤。尔托子密告两司可也。

鄂刻地图,尔可即送一分与莫偲老。《轮船行江说》,三日内准付回,另纸缮写,粘贴大图空处。万篪轩、忠鹤皋及泰州、扬州各官,日内均来此一见。李少泉亦拟来一晤,闻余将以七月回皖,遂不来矣。此谕。

涤生手示

(同治三年七月十三日巳刻)

[译文]

字谕纪泽：

初十、十一二等日演戏、酒宴三天，有关事宜沅叔处理得很完满，显得精力充沛，而我却觉应酬这些是苦差事。旱得厉害，热得要命，老人怕的就是这种天气，应该处理的公务有很多都搁置耽误了。江西周石一案，因奏稿长时间还没有能核实写好，尤其感到愧疚。自六月二十三日开始，凡是做人证的人都由我发给路费，以表示体恤下人之意。你可以转托钱子密告知布、按两司。

湖北所刻地图，你可立即送一份给莫偲老。《轮船行江说》，三天之内一定送回。可取纸头分别缮写，粘贴在大图空的地方。万篪轩、忠鹤皋以及泰州、扬州各衙署官员这几天都来金陵一见。李少泉也准备来金陵一晤，听说我将于七月回安庆，就不来了。此谕。

涤生手示

（同治三年七月十三日巳刻）

[评析]

曾国藩心存治民之数，他熟读儒家经典，深谙民可覆舟的道理，因此在战争结束后迅速采取安定民心的措施，发展经济，恢复科考，在江南一带留下很好的口碑。在此信中，他给证人发放路费，虽然事情不大，但足可看出他比一般官员更体恤民众，更愿意为普通百姓着想。

六十八　谕纪泽(月底到皖)

字谕纪泽：

二日未接尔禀，盖北风阻滞之故。此间十七日大风大雨，萧然便有秋气。

富将军今日来拜，畅谈一切。余拟明日登舟，乘坐民船，不求其快，舟中须作周、石狱事一摺，非三四日不能了。沅叔处，无一人独坐之位，无一刻清净之时，故未办也。其他积阁之事，亦尚不少，皆须在船一为清理。到皖当在月杪矣。此嘱。

涤生手示

（同治三年七月十八日）

［译文］

字谕纪泽：

两天没有收到你的信，大概是因为北风阻滞的缘故。这边十七日风雨大作，已经有秋天的萧然之气了。

富将军今天来拜访，畅谈一切。我打算明天登船，乘坐民船，不要求速度快。在船上要作关于周汝筠、石昌猷互讼一案的奏摺，没有三四天不能完成。沅叔那里，没有一人独坐的地方，也没有让人清净一会儿的时候，所以没有办此事。其他积压下来的事情也有不少，都要在船中清理一下。到安徽应当在本月底了。此嘱。

涤生手示

（同治三年七月十八日）

［评析］

曾国藩身为湘军统帅，事务繁多可想而知，攻破金陵后，城中“无一人独坐之位，无一刻清净之时”，这种繁乱景象使曾氏无法处理事务。而从利用乘船时间来处理事务更可以看出其事务之多何其甚也，而这种充分利用一切时间的勤勉精神也正是大多人所缺少的，曾氏所为，值得后人学习。

六十九　谕纪泽（得旨免造报销）

字谕纪泽：

余于十九日回拜富将军，即起程回皖，约行七十里，乃至棉花堤。今日未刻发报后，长行顺风，行七十里泊宿，距采石不过十余里。

接奉谕旨，诸路将帅、督抚均免造册造报销，真中兴之特恩也。顷又接尔十八日禀，抄录封爵单一册。我朝酬庸之典，以此次最隆，愧悚战兢，何以报称？尔曹当勉之矣。

涤生手示
（同治三年七月二十日）

［译文］

字谕纪泽：

我于十九日回拜富将军，随即起程回安徽，大约行了七十里，到达棉花堤。今日未刻发报后，一路顺风，行七十里泊宿，距离采石矶不过十来里。

接到谕旨，得知各路将帅、督抚都可以将以前招募练勇的经费报销，只需填明单即可，这真是中兴之朝的大恩。刚又接到你十八日禀，抄录封爵单一册。我朝酬功之庆典，以这次最为隆重，心中惭愧不安，用什么来报答朝廷之恩呢？你们当为之勤勉努力。

涤生手示
（同治三年七月二十日）

［评析］

自从招募乡勇以来，各路将帅、督抚的经费均由地方政府垫下，这些钱的用处没有详细条目，是一笔糊涂账。而朝廷不但没有核查，而且还同意湘军不需开列详细清单就可以报销军费，这对曾国藩来说实在是莫大的恩典，也让湘军各首领十分激动。朝廷的这次举动，更坚定了曾国藩对清朝的忠心。

七十　谕纪鸿（做人以“谦敬”为主）

字谕纪鸿：

自尔还湘启行后，久未接尔来禀，殊不放心。今年天气奇热，尔在途次平安否？

余在金陵，与沅叔相聚二十五日，二十日登舟还皖，体中尚适。余与沅叔，蒙恩晋封侯伯，门户太盛，深为祗惧。尔在省以“谦”“敬”二字为主，事事请问意臣、芝生两姻叔，断不可送条子，致腾物议。十六日出闱，十七八拜客，十九日即可回家。九月初在家听榜信后，再起程来署可也。择交是第一要事,须择志趣远大者。此嘱。

(同治三年七月二十四日)

[译文]

字谕纪鸿:

自从你动身回湖南之后,很久没有收到你的来信,很不放心。今年天气相当热,你一路上还平安吧?

我在金陵与沅叔相聚二十五天,二十日乘船返回安徽,身体还算健康。我与沅叔蒙圣恩晋封为侯、伯,门户太兴盛,深为惊恐担忧。你在省城以"谦敬"二字为主,事事都要请教意臣、芝生两位姻叔,绝不可以送条子走关系,以致招引众人的议论。十六日考试结束,十七、十八日拜访客人,十九日就可以回家。九月初在家听到发榜消息以后,再出发来安庆衙署就行了。选择结交朋友是你第一等重要的事,要选择志向远大的人(做朋友)。此嘱。

(同治三年七月二十四日)

[评析]

曾国藩兄弟二人同时被封为侯爵和伯爵,此乃当时国中罕见的优厚待遇,也是几乎天下所有士人梦寐以求的事情。但曾国藩一向谦虚谨慎,在告诉儿子这一消息时,居然仅说了一句话,"门户太盛,深为祇惧",着实令人诧异。但细致分析,却不无道理,"一入侯门深似海",曾国藩作为汉人的领袖,自知功高震主,又怕后人贪恋富贵,不思进取,故而在高兴之余更多的是担忧和不安。不过也正是由于他这种谨慎、理智的心理,不仅使自己得到善终,而且还培育出众多杰出后人。

七十一　谕纪泽纪鸿(以"勤俭"二字为治家之本)

字谕纪泽、纪鸿:

余于初四日自邵伯开行后,初八日至清江浦。闻捻匪张、任、牛三股并至蒙、亳一带,英方伯雉河集营被围,易开俊在蒙城,亦两面皆贼,粮路难通。余商昌岐带水师由洪泽湖至临淮,而自留此,待罗、刘旱队至，乃赴徐州。

尔等奉母在寓，总以“勤俭”二字自惕，而接物出以谦慎。凡世家之不勤不俭者，验之于内眷而毕露。余在家，深以妇女之奢逸为虑。尔二人立志撑持门户，亦宜自端内教始也。余身尚安，癣略甚耳。

（同治四年闰五月初九日）

［译文］

字谕纪泽、纪鸿：

我于初四日从邵伯那里出发后，初八日到达清江浦。听说捻匪张宗禹、任柱、牛洛红三股队伍都到达蒙城、亳州一带，英方伯雉河集营被包围，易开俊在蒙城，也是两面受敌，运粮道路难通。余商黄昌岐带水师从洪泽湖到临淮，而自己留在此处，等待罗麓森、刘松山的陆军到达，然后去徐州。

你们侍奉母亲在家，总要以“勤俭”二字自惕，而待人处世要以谦和、谨慎为要。凡是世家之不勤劳、不节俭的，从妻室儿女的表现上就可以看出来。我在家，深以妇女的奢侈安逸为忧虑。你二人立志支撑门户，也要从对妻室儿女的教导开始。我身体尚好，只是癣疾稍微严重。

（同治四年闰五月初九日）

［评析］

从此信可以看出曾国藩治家之严，曾氏出身于农家，深知生活之艰难，虽然现在身居高位，仍以“勤俭”为治家之本，并要求妻室儿女都要如此。大凡世家子弟，从小生活优裕，往往养成奢侈的习惯，所谓“凡世家之不勤不俭者，验之于内眷而毕露”即指此。曾氏的勤俭治家，实在是为后人做了个好榜样。

七十二　谕纪泽（开支及儿妇纺绩应及时禀复）

字谕纪泽儿：

接尔两次安禀，具悉一切。尔母病已全愈，罗外孙亦好，慰慰。

余到清江已十一日，因刘松山未到，皖南各军闹饷，故尔迟迟未发。雉河、蒙城等处,日内亦无警信。罗茂堂等今日开行,由陆路赴临淮。余俟刘松山到后,拟于二十一日由水路赴临淮。身体平安,惟廑念湘勇闹饷,有弗戢自焚之惧,竟日忧灼。蒋之纯一军在湖北,业已叛变,恐各处相煽,即湘乡亦难安居。思所以痛惩之法,尚无善策。

杨见山之五十金,已函复小岑,在于伊卿处致送。邵世兄及各处月送之款,已有一札由伊卿长送矣。惟壬叔向按季送,偶未入单,刘伯山书局撤后,再代谋一安砚之所。该局何时可撤,尚无闻也。

……寓中绝不酬应,计每月用钱若干?儿妇诸女,果每日纺绩有常课否?下次禀复。

吾近夜饭不用荤菜,以肉汤炖蔬菜一二种,令其烂如臡,味美无比,必可以资培养(菜不必贵,适口则足养人),试炖与尔母食之(星冈公好于日入时手摘鲜蔬,以供夜餐。吾当时侍食,实觉津津有味。今则加以肉汤,而味尚不逮于昔时)。后辈则夜饭不荤,专食蔬而不用肉汤,亦养生之宜,且崇俭之道也。颜黄门(之推)《颜氏家训》作于乱离之世,张文端(英)《聪训斋语》作于承平之世,所以教家者极精。尔兄弟各觅一册,常常阅习,则日进矣。

(同治四年闰五月十九日)

[译文]

字谕纪泽儿:

收到你的两次报平安的信,具悉一切。你母亲的病已经痊愈,罗外孙也安好,十分欣慰。

我到达清江已经十一天,因为刘松山没到,皖南各军因欠发军饷闹事,所以才迟迟没有出发。雉河、蒙城等处,近来也没有警信。罗茂堂等今天出发,由陆路奔赴临淮。我等刘松山到后,打算于二十一日由水路赶赴临淮。我身体平安,唯担心湘勇因欠饷闹事,如果不在适当情况下及时止息,有把自己烧掉的恐惧,我因此而整日忧虑焦灼。蒋之纯一军在湖北,已经叛变,恐怕各处相互煽动,那湘乡也难安居了。正在想重罚他们的办法,还没有想出。

杨见山的五十金,已寄给小岑,在于伊卿那里致送的。邵世兄和各处月送之款,已经有一札让伊卿送去了。唯有壬叔向按季送,没有入单,刘伯山书局撤销后,再替他找一个谋生之处。这个书局什么时候可以撤销,还没有听说。

……家中绝不要应酬，算算每月花费多少钱？儿媳妇们是否把纺织看成每日当做之事？下次告诉我。

我近来晚饭不吃荤菜，以肉汤炖蔬菜一二种，使其烂如肉酱，味美无比，必定可以资培养（菜肴不必贵重，适合口味就足以养人），试着炖给你母亲吃（星冈公喜爱在日落时采摘新鲜蔬菜，以供晚饭食用。我当时吃后，确实觉得津津有味。如今虽加以肉汤，但味道还赶不上以前）。后辈也晚饭不吃荤，专吃蔬菜而不用肉汤炖，也对养生十分有好处，而且还是节俭之道。颜黄门（之推）《颜氏家训》作于乱离之世，张文端（英）《聪训斋语》作于太平之世，所以教家之法极精通。你们兄弟各寻找一册，常常阅习，就会每天有所进步矣。

（同治四年闰五月十九日）

［评析］

曾国藩对饭食不要求贵，只要合口味就行。肉汤炖菜，其味十分鲜美，但还比不上其祖父亲手采摘的蔬菜的味道，从一定程度上也表示了曾国藩对祖父的怀念。自己喜欢吃，于是推荐给家人品尝，因为炖菜味道好、成本低、能养生，可谓一举三得，也可从中看出曾氏对养成的重视，常常大鱼大肉不如清淡可口。“计每月用钱若干？儿妇诸女，果每日纺绩有常课否？”从中可以看出曾国藩对家庭是事无巨细，都要过问，真是用心良苦。

七十三　谕纪泽纪鸿（读书心得可各抒己见）

字谕纪泽、纪鸿儿：

余于二十五六日渡洪泽湖面二百四十里；二十七日入淮，二十八日在五河停泊一日，等候旱队；二十九日抵临淮。闻刘省三于二十四日抵徐州，二十八日由徐州赴援雉河，英西林于二十六日攻克高炉集。雉河之军心益固，大约围可解矣。罗、张、朱等明日可以到此，刘松山初五六可到。余小住半月，当仍赴徐州也。毛寄云年伯至清江，急欲与余一晤。余因太远，止其来临淮。

尔写信太短。近日所看之书,及领略古人文字意趣,尽可自摅所见,随时质正。前所示“有气则有势,有识则有度,有情则有韵,有趣则有味”,古人绝好文字,大约于此四者之中必有一长。尔所阅古文,何篇于何者为近,可放论而详问焉。鸿儿亦宜常常具禀,自述近日工夫,此示。

涤生手草

(同治四年六月初一日)

[译文]

字谕纪泽、纪鸿儿:

我于二十五六日渡洪泽湖面二百四十里;二十七日入淮,二十八日在五河停泊一天,等候陆军;二十九日抵达临淮。听说刘省三于二十四日抵达徐州,二十八日由徐州赶赴支援雉河,英西林于二十六日攻下高炉集。雉河之军心更加稳固,大概可以解围了。罗、张、朱等明天可以到达这里,刘松山初五六日可到。我小住半个月,应当仍赴徐州。毛寄云年伯到清江,急着想要和我见面。我因为路途太远,阻止他来临淮。

你们写信太短。近来所读的书,以及领略古人的文字意趣,尽可以自抒己见,我随时为你们纠正。前时所说:“有气则有势,有识则有度,有情则有韵,有趣则有味”,古人十分喜好文字,大概于这四者之中必定有一样擅长。你所读古文,哪一篇与哪一种接近,可以放言高论而详问也。鸿儿也要常常汇报,说说近来的学问情况,此示。

涤生手草

(同治四年六月初一日)

[评析]

曾国藩渴望了解两位儿子的日常情况,所以嫌他们写信太短,凡事说不详细,所以让他们写信要长,并鼓励他们在信中抒发自己读书的心得,并且随时之他们提建议,由此可看出曾氏对儿子的悉心教诲。

七十四　谕纪泽纪鸿(邵宅衰替应按月补助)

字谕纪泽、纪鸿:

今日接小岑信,知邵世兄一病不起,实深伤悼:位西立身行己,读书作文,俱无差谬,不知何以家运衰替若此?岂天意真不可测耶?

尔母之病,总带温补之剂,当无他虞。罗氏外孙及朱金权已痊愈否?

此间大水异常,各营皆已移渡南岸。惟余所居淮北两营系罗茂堂所带,二日内尚可不移。再长水八寸,则危矣。阴云郁热,雨势殊未已也。

邵世兄处,应送奠仪五十金。可由家中先为代出,有便差来营即付去。滕中军所带百人,可令每半月派一兵来,此不必定候家乡长夫送信。余托陈小浦买龙井茶,尔可先交银十六两,亦候下次兵来时付去。

邵宅每月二十金,尔告伊卿照常致送否?须补一公牍否?尔每旬至李宫保处一谈否?幕中诸友凌晓岚等,相见契惬否?气势、识度、情韵、趣味四者,偶思邵子"四象"之说可以分配,兹录于别纸,尔试究之。

涤生手示

(同治四年六月十九日)

附:文章各得阴阳之美表

理气之成象者	文境各有所长	经书之可指者	百家之相近者	自抄分类古文	自抄十八家诗
太阳	气势	书之誓 孟子	扬雄 韩文	论著 奏议	李韩
少阴	情韵	诗经	楚辞	词赋	少陵 义山
少阳	趣味	左传	庄子 韩文	传志	韩苏
太阴	识度	易十翼	史记序 赞欧文	序跋	陶

[译文]

字谕纪泽、纪鸿:

今天收到小岑的信,得知邵世兄一病不起,实为深深哀悼:邵位西做人处世,没有污点,读书作文,都没有什么差谬,不知为什么家运衰败到这种地步？难道真是天意不可测吗？

你母亲的病，总带温补之剂，应当不会有别的变故。罗氏外孙和朱金权已经痊愈了吗？

这里大水异于平常，各营都已经转移到南岸。唯我所居淮北两营是罗茂堂所带领，两日内尚不可转移。如果大水再长八寸，那么就危险了。阴云密布，天气闷热，大雨之势还没有停止啊。

邵世兄那里，应当送奠仪五十金。可让家中先为代出，有便差来营后就会付回去。滕中军所带百人，可以让他每半个月派遣一个兵来，这样就不必定时等候家乡的长夫送信了。我托陈小浦买龙井茶，你可以先交给他十六两银子，也等到下次兵来时带回去。

邵宅每月二十金，你告诉伊卿让他照常送去了吗？需要补一份公文吗？你每十天到李宫保那里交谈一次吗？幕中诸友凌晓岚等，与人交往合得来吗？气势、识度、情韵、趣味四者，我认为邵子"四象"之说可以分别配之，现抄录于另一张纸上，你尝试研究一下。

涤生手示

（同治四年六月十九日）

附:文章各得阴阳之美表

理气之成象者	文境各有所长	经书之可指者	百家之相近者	自抄分类古文	自抄十八家诗
太阳	气势	书之誓 孟子	扬雄 韩文	论著 奏议	李韩
少阴	情韵	诗经	楚辞	词赋	少陵 义山
少阳	趣味	左传	庄子 韩文	传志	韩苏
太阴	识度	易十翼	史记序 赞欧文	序跋	陶

［评析］

邵位西是著名的经学家，是曾国藩早年在京中的挚友，于咸丰末年被太平军所杀，曾国藩便在经济上接济邵位西的家眷。然而祸不单行，邵位西的儿子又于最近病亡，邵夫人母女生活更加艰难了。所以曾国藩在此信中嘱咐纪泽，每月要按时送去二十金，以使其生活有着落，由此可以看出曾国藩十分重视真挚的友情。

七十五　谕纪泽（余有取阅之书，可派兵送来）

字谕纪泽：

二十三日接尔十七日禀，并汪刻《公差》、陈刻《后汉书》、茶叶、腊肉等事具悉。

二十四日接奉寄谕，知沅叔已简授山西巡抚。谕旨咨少泉宫保处，尔可借阅。沅叔之病，不知此时全愈否？余须寄信，嘱其北上陛见之便，且至徐州，兄弟相会。

陈刻《二十四史》颇为可爱，不知其错字多否？《几何原本》可先刷一百部。曾恒德无事，亦可来营。余又有取阅之书，可令滕中军派兵送来，录如别纸。

《刘禹锡集》、《王昌龄集》、《张籍集》，右三种于全唐诗内抽出寄来（刘集有单行本否？试问子偲丈）。

唐四家诗选（王、孟、韦、柳四本）。

《易经纂言》、《诗经纂言》，右二种吴文正公（澄）集中有之，《通志堂经解》中亦有之，兹取吴集本。

（同治四年六月二十五日）

［译文］

字谕纪泽：

二十三日接到你十七日的来信，还有汪刻《公差》、陈刻《后汉书》、茶叶、腊肉等事具悉。

二十四日接奉寄谕，得知沅叔已任命为山西巡抚。谕诣咨少泉宫保（即李鸿章）处，你可借阅。沅叔的病，不知此时痊愈了吗？我须寄信，嘱咐他北上晋见皇帝之便，且到徐州，我们兄弟可以相会。

陈刻《二十四史》十分可爱，不知里面错字多吗？《几何原本》可以先印刷一百部。曾恒德没事，也可来营。我又有需要取阅的书，可让滕中军派遣士兵送来，目录写在了另一张纸上。

《刘禹锡集》、《王昌龄集》、《张籍集》，这三种从全唐诗内抽出寄来（刘集有单行本吗？问问子偲丈）

唐四家诗选（王、孟、韦、柳四本）。

《易经纂言》、《诗经纂言》，这二种吴文正公（澄）集中有之，《通志堂经解》中了有之，兹取吴集本。

（同治四年六月二十五日）

［评析］

曾国藩设有官书局，刻印各种经史之书和国外的科技书籍。信中所说的《几何原本》就是书局所印发的。另外，从此信索要书目中可以看出，曾国藩十分喜爱读书，即便是行军打仗之时，也不忘读书这事。

七十六　谕纪泽纪鸿（有气势上用功，不拘于格式）

字谕纪泽、纪鸿儿：

纪泽于陶诗之识度不能领会，试取《饮酒》二十首、《拟古》九首、《归田园居》五首、《咏贫士》七首等篇，反复读之。若能窥其胸襟之广大，寄托之遥深，则知此公于圣贤豪杰，皆已升堂入室。尔能寻其用意深处，下次试解说一二首寄来。

又问“有一专长，是否须兼三者，乃为合作”，此则断断不能。韩无阴柔之美，欧无阳刚之美，况于他人而能兼之？凡言兼众长者，皆其一无所长者也。

鸿儿言此表范围曲成，横竖相合，足见善于领会。至于纯熟文字，极力揣摩，固属切实工夫，然少年文字，总贵气象峥嵘。东坡所谓蓬蓬勃勃，如釜上气。古文如贾谊《治安策》、贾山《至言》、太史公《报任安书》、韩退之《原道》、柳子厚《封建论》、苏东坡《上神宗书》，时文如黄陶庵、吕晚村、袁简斋、曹寅谷，墨卷如《墨选观止》、《乡墨精锐》中所选两排三叠之文，皆有最盛之气势。

尔当兼在气势上用功，无徒在揣摩上用功。大约偶句多，单句少，段落多，分股少，莫拘场屋之格式，短或三五百字，长或八九百字、千余字，皆无不可。虽系《四书》题，或用后世之史事，或论目今之时务，亦无不可。总须将气势展得开，笔仗使得强，乃不至于束缚拘滞，愈紧愈呆。

嗣后尔每月作五课揣摩之文，作一课气势之文；讲揣摩者送师阅改，讲气势者寄余阅改。"四象表"中，惟气势之属"太阳"者，最难能而可贵。古来文人虽偏于彼三者，而无不在气势上痛下工夫，两儿均宜勉之，此嘱。

（同治四年七月初三日）

［译文］

字谕纪泽、纪鸿儿：

纪泽对于陶渊明诗歌的见识与气度不能领会，试取《饮酒》二十首、《拟古》九首、《归田园居》五首、《咏贫士》七首等篇，反复读之。如果能察见其胸襟之广大，寄托之深远，那么就知道此人是圣贤豪杰，学问造诣十分精深。你能探究其诗的深意，下次尝试解说一两首寄来。

你又说"有一专长，是否须兼三者，乃为合作"，这是断断不能的。韩愈没有阴柔之美，欧阳修没有阳刚之美，何况他人而能兼有之？凡是说兼有众多长处的，都是一无所长的。

鸿儿说此表（指上信所寄"古文四象表"）范围深广，横竖相吻合，足见善于领会。至于纯熟文字，尽力揣摩，固然属于切实功夫，然而少年文字，总以气象峥嵘为贵。正如苏东坡所谓蓬蓬勃勃，好像炊具上的蒸气。古文如贾谊《治安策》、贾山《至言》、太史公《报任安书》、韩退之《原道》、柳子厚《封建论》、苏东坡《上神宗书》，八股文如黄陶庵、吕晚村、袁简斋、曹寅谷，墨卷如《墨选观止》、《乡墨精锐》中所选两排三叠之文，都有最盛之气势。

你应当在气势上用功，不要只在模仿上用功。大约偶句多，单句少，段落多，分股少，不要拘于科举考试的格式，短的或三五百字，长的或八九百字、千余字，皆无不可。虽然是《四书》题，或者用后世的史事，或者论述当今的时务，也无不可。总须将气势展开，笔力强劲，才有至于束缚拘滞，越束缚则越呆板。

以后你每个月作五课揣摩之文,作一课气势之文;揣摩之文送老师阅改,气势之文寄给我阅改。“四象表”中,唯有气势属于“太阳”,最为难能可贵。古来文人虽然偏重于另外三者,但没有不在气势上苦下工夫的,两儿都要勉励为之,此嘱。

(同治四年七月初三日)

[评析]

曾国藩十分喜爱陶渊明之诗,而纪泽不能深加领会,故让纪泽多研究陶诗,也算是一种学识培养。曾国藩主张文章要以气势充沛为上,认为“少年文字,总贵气象峥嵘”,他反对“兼众长”,其结果会导致“一无所长”。因此,曾国藩要求儿子要在气势上用功,不要拘于格式,不要讲究长短,随心而做即可。曾国藩以他自己深厚的学养教育儿子做文的技巧,后人大可借签。

七十七　谕纪泽(从“有恒”二字下工夫)

字谕纪泽:

福秀之病,全在脾亏,余前信已详言之。今闻晓岑先生峻补脾胃,似亦不甚相宜。凡五藏极亏者,皆不受峻补也。尔少时亦极脾亏,后用老米炒黄,熬成极酽之稀饭,服之半年,乃有转机,尔母当尚能记忆。金陵可觅得老米否?试为福秀一服此方。开生到已数日,元征信接到,兹有复信并邵二世兄信,尔阅后封口交去。渠需银两,陆续支付可也。

《义山集》似曾批过,但所批无多。余于道光二十二、三、四、五、六等年,用胭脂圈批。唯余有丁刻《史记》(六套,在家否)、王刻《韩文》(在尔处)、程刻《韩诗》(最精本)、小本《杜诗》、康刻《古文辞类纂》(温叔带回,霞仙借去)、《震川集》(在季师处)、《山谷集》(在黄恕皆家)首尾完毕,余皆有始无终,故深以无恒为憾。近年在军中阅书,稍觉有恒,然已晚矣。故望尔等于少壮时,即从“有恒”二字痛下工夫,然须有情韵趣味,养得生机盎然,乃可历久不衰。若拘苦疲困,则不能真有恒也。

密禀悉，当细察耳。

（同治四年七月十三日）

［译文］

字谕纪泽：

福秀的病，完全在于脾亏，我前信已详细说过了。最近听说晓岑先生猛补脾胃，似乎也不太合适。凡是五脏极亏的，皆不宜猛补。你小时候也十分脾亏，后用老米炒黄熬成非常浓稠的稀饭，服用半年，才会有转机，你母亲应该还能记着。金陵可以找到老米吗？试为福秀服用一下这个方子。开生已经到好几天了，元征的信收到了，这有给他的回信和邵二世兄的信，你阅后封好交去。所需银两，陆续支付就行。

《义山集》好像曾经批过，但所批不多。我在道光二十二、三、四、五、六等年，用胭脂圈批。唯我有丁刻《史记》（六套，在家吗）、王刻《韩文》（在你那里）、程刻《韩诗》（最精本）、小本《杜诗》、康刻《古文辞类纂》（温叔带回，霞仙借去）、《震川集》（在季师那里）、《山谷集》（在黄恕皆家）首尾完毕，我皆有始无终，故深以没有恒心为遗憾。近些年在军营中读书，稍微觉得有恒，然而已经晚了。所以希望你们在年轻时，就从"有恒"二字痛下工夫，然而必须有情韵趣味，养得生机盎然，才可历久不衰。如果感到读书是疲劳痛苦，那就不能真有恒了。

密禀悉，当细察耳。

（同治四年七月十三日）

［评析］

此信教导儿辈读书贵在"有恒"，曾国藩本身学问极精深，读书极多，尚且自认为无恒，这种自律的精神十分可贵。曾氏从自身体验出发，让儿子读书一定要有恒，而有恒的重要因素是对读书要产生兴趣，枯燥乏味地去读书则达不到真正的有恒，而如果从书中读出情趣来，则自然会达到有恒。这种读书之法很启发后人。

七十八　谕纪泽（邵子晋急返杭州理丧）

字谕纪泽：

邵世兄开来行、略等件收到，位西先生遗文亦阅一过。本月当作墓铭，出月亲为书写，仍付金陵，交张氏兄弟钩刻。大约刊刻、拓印须三个月工夫，年底乃可蒇事。尔告邵子晋急急返杭，料理葬事，以速为妙。此石不宜埋藏土中，将来或藏之邵氏家庙，或嵌之邵家屋壁，或一二年后于墓之址丈余，另穿一小穴补行埋之，亦无不可。此次不可待碑成再定葬期也。

涤生手示

（同治四年八月十三日）

[译文]

字谕纪泽：

邵世兄的平生行述、生平大略等件已收到，位西先生遗文也读过。这月当作墓志铭，下个月亲自为之书写，仍然送到金陵，交给张氏兄弟钩刻。大约刊刻、拓印须三个月工夫，年底可以完事。你告诉邵子晋迅速返回杭州，料理葬事，越快越好。此石不宜埋藏在土中，将来或者可藏在邵氏家庙，或者嵌在邵氏家屋壁上，或者一二年后在墓地旁边一丈处，另外挖一个小穴补行埋下，也无不可。这次不能等待碑成后再确定葬期了。

涤生手示

（同治四年八月十三日）

[评析]

曾国藩与邵懿辰为真挚之友，二人一起探讨学问、切磋文章，可谓志同道合。不幸邵氏不久后遇难，曾国藩十分难过，所以对他的家眷以及墓志铭、葬事等都十分用心，从中可以看出曾国藩对朋友的真诚。

七十九　谕纪泽(抄出船山著作可速寄欧阳晓岑处付刻)

字谕纪泽：

王船山先生《书经稗疏》三本、《春秋家说序》一薄本，系托刘韫斋先生在京城文渊阁钞出者，尔可速寄欧阳晓岑丈处，以便续行刊刻。

刘松山前借去鄂刻地图七本，兹已取回。尚有二十六本在金陵，可寄至大营，配成全部（此书金陵寓中尚有十余部，尔珍藏之，将来即以前代之图用朱笔写于此图之上）。

《全唐文》太繁，而郭慕徐处有专集十余种，其中有《韩昌黎集》，吾欲借来一阅，取其无注，便于温诵也。又《文献通考》（吾曾点过田赋、钱币、户口、职役、征榷、市籴、土贡、国用、刑、舆地等门者）、《晋书》、《新唐书》（要殿本，《晋书》兼取李芋仙送毛刻本）均取来，以便翻阅。《后汉书》亦可带来（殿本）。冬春皮衣，均于此次舢板带来。此嘱。

涤生手示

（同治四年八月十九日）

［译文］

字谕纪泽：

王船山先生《书经稗疏》三本、《春秋家说序》一薄本，是托刘韫斋先生在京城文渊阁抄出的，你可速寄欧阳晓岑那里，以便续行刊刻。刘松山之前借去鄂刻地图七本，已经取回。还有二十六本在金陵，可寄到大营，配成全部（此书金陵寓中尚有十余部，你要珍藏之，将来即以前代之图用红笔写于此图之上）。

《全唐文》内容太多，而郭慕徐那里有专集十余种，其中有《韩昌黎集》，我欲借来一阅，因为它没有注解，便于温诵也。又《文献通考》（我曾点过田赋、钱币、户口、职役、征榷、市籴、土贡、国用、刑、舆地等门者）、《晋书》、《新唐书》（要殿本，《晋书》兼取李芋仙送毛刻本）均取来，以便翻阅。《后汉书》也可以带来（殿本）。冬春皮衣，均于此次用小船带来。此嘱。

涤生手示

（同治四年八月十九日）

［评析］

王船山是一代大儒，其遗集是由曾国藩、曾国荃两兄弟倡议编刊问世的，从中不难看出曾国藩对王船山的敬佩之情。曾国藩一生爱读书，从此信可以得知曾氏所读之书的部分名目。此时曾国藩已是暮年，但好学之心仍旧，令人可佩！

八十　谕纪泽纪鸿（回湘觅屋，以避省城华靡之风）

字谕纪泽、纪鸿：

家眷旋湘，应俟接筠仙丈复信乃可定局。余意姻期果是十二月初二，则泽儿夫妇送妹先行，至湘阴办喜事毕，即回湘乡，另觅房屋。觅妥后，写信至金陵，鸿儿奉母并全眷回籍。若婚期改至明年，则泽儿一人回湘觅屋，冢妇及四女皆随母明年起程。

黄金堂之屋，尔母素不以为安，又有塘中溺人之事，自以另择一处为妥。余意不愿在长沙住，以风俗华靡，一家不能独俭。若另求僻静处所，亦殊难得。不如即在金陵，多住一年半载，亦无不可。

泽儿回湘，与两叔父商，在附近二三十里，觅一合式之屋，或尚可得。星冈公昔年思在牛栏大丘起屋，即鲇鱼坝萧祠间壁也，不知果可造屋，以终先志否？又油铺里系元吉公屋，犁头嘴系辅臣公屋，不知可买庄兑换或借住一二年否？富圫可移兑否？尔禀商两叔，必可设法办成。

尔母既定于明年起程，则松生夫妇及邵小姐之位置，新年再议可也。近奉谕旨，饬余晋驻许州，不去则屡违诏旨，又失民望，遽往则局势不顺，必无成功，焦灼之至！余不多及。

再，泽儿前寄到之《几何原本序》尽可用得，即由壬叔处照刊，不必待批改也。末书某年月曾△△，不写官衔，不另行用宋字，不另写真行书。

（同治四年八月二十一日）

［译文］

字谕纪泽、纪鸿：

家眷回湘，应当等接到筠仙丈的回信后才可定局。我的意思如果婚期确定是十二月初二，那么泽儿夫妇送妹妹先走，到湘阴办完喜事，就回湘乡,另外寻找房屋。安置好后,写信到金陵,鸿儿带母亲和所有家眷回乡。如果婚期改到明年,那么泽儿一人回湘找房屋,大儿媳妇和四女都随母亲明年起程。

黄金堂之屋,你母亲素来不以为安,又有塘中淹死人的事,还是另外找一处房屋为妥。我的意思是不愿在长沙住,因为风俗华丽奢靡,一家不能独俭。如果另外找僻静之所,也是十分困难。不如就在金陵,多住一年半载,也无不可。

泽儿回湘,与两位叔父商量,在附近二三十里,找一处合式之屋,或许可以得到。星冈公以前想在牛栏大丘盖屋,就是鲇鱼坝萧祠间壁也,不知是否可以造屋,以了结星冈公之愿也?又油铺里是元吉公的宅子,犁头嘴是辅臣公的宅子,不知可否买庄兑换或者借住一二年?富圫可以移兑吗?你和两叔商量,必可设法办成。

你母亲既然定在明年起程,那么松生夫妇和邵小姐之位置,新年再议也行。近来奉旨,命令我驻在许州,不去则屡违背诏旨,又失民望,立刻前往则局势不顺,必无成功,焦灼之至!其余不多说了。

还有,泽儿之前寄到的《几何原本序》尽可用得,即由壬叔那里照常刊印,不必等批改了。末书某年月曾△△,不写官衔,不另外行用宋字,不另外写真行书。

(同治四年八月二十一日)

[评析]

曾国藩一生节俭,对衣食住行皆不要求华美。他也以此要求家人要养成节俭之风。信中说长沙风俗华靡,如果居住在此,会对家人有不良影响,于是就要求在老家找房子,不求华美,能住即可,这就是其节俭之风的体现。从曾国藩身上,我们看不到高层官员那种奢侈之风,攀比之风,所看到的是一位农家子弟的淳朴与节俭。

八十一　谕纪泽(尽人事以听天命)

字谕纪泽儿:

尔十一后连日患病，十六尚神倦头眩，不知近已全愈否？

吾于凡事，皆守"尽其在我，听其在天"二语，即养生之道亦然。体强者，如富人因戒奢而益富；体弱者，如贫人因节啬而自全。节啬非独食色之性也，即读书用心，亦宜检约，不使太过。余"八本匾"中，言养生以少恼怒为本，又尝教尔胸中不宜太苦，须活泼泼地，养得一段生机，亦去恼怒之道也。

既戒恼怒，又知节啬，养生之道，已尽其在我者矣。此外寿之长短，病之有无，一概听其在天，不必多生妄想去计较他。凡多服药饵，求祷神祇，皆妄想也。吾于医药、祷祀等事，皆记星冈公之遗训，而稍加推阐，教示后辈，尔可常常与家中内外言之。尔今冬若回湘，不必来徐省问，徐去金陵太远也。

近日贼犯山东，余之调度，概咨少荃宫保处。澄、沅两叔信附去查阅，不须寄来矣，此嘱！

涤生手示

（同治四年九月初一日）

［译文］

字谕纪泽儿：

知道你十一日以后连续几天患病，十六日还感到精神怠倦，头晕目眩，不知近日已痊愈没有？

我遇事都遵循"尽我个人努力，任凭上天的安排"两句话，即使养生之道也是如此。身体健壮的人，就像富有的人努力克制奢华而会更加富有；体弱多病的人就像贫困的人因节约而得以自我保全。节俭不光是在饮食、性欲上，就算是读书用心，也应勤俭节约，不能过于劳累。我的八本匾内，说养生以少烦怒为基准。又曾经训导你心中不要太苦闷，要开朗，培育心中的一片生生气息，这也是消除烦怒的方法。

既要努力克制烦怒，又要懂得勤俭节约，那么养生之道中自己能做的就都达到了。除此之外，如寿命长短，生不生病，一率听从天命，没有必要胡乱猜想去在意那些。但凡多吃药，求神庇佑，都属于妄想。我对医药、祈神等事，都铭记星冈公的遗训，而稍稍加以概括，用来训诫子孙后代。你可以常常对家中里外谈一谈。今年冬天如果你回湘乡，就不必来徐州见我，徐州离金陵太远了。

近日里敌军进犯山东，我调度人马一概以咨文发李少荃宫保处。澄、沅两叔信附去查阅，不要寄回来了。此嘱。

涤生手示

（同治四年九月初一日）

［评析］

古语云“尽人事以听天命”，曾国藩认为养生之道仍应遵从此理。无论身体好坏，个人都应努力克制或节约气力，以保养自身，尤其要少烦怒，少苦闷，培养心中的生气，如此才能心胸开阔，身体健硕。曾国藩提出的养生之道确值得我们借鉴。

八十二　谕纪泽（吾已与定贼相终始，故亦安之若素）

字谕纪泽：

十七日接尔初十日禀，知尔病三次翻复，近已全愈否？舢板尚未到徐，而此间群贼萃于铜、沛二县，攻破民圩颇多，与微山湖相近。湖中水浅，近郡处又窄，舢板或畏贼不欲进耶？马步贼约六七万，火器虽少而剽悍异常，看来凶焰尚将日长。吾已定与贼相终始，故亦安之若素。

文辅卿自京来此，言近事颇详。九叔浮言渐息，霞仙虽降调，而物望尚好。云仙众望较减，天眷亦甚平平。顷接云信，婚期已改明年，然则尔今冬亦可不回湘矣。原信抄去一阅。尔母健饭，大慰，大慰！

涤生手示

（同治四年九月十八日）

［译文］

字谕纪泽：

十七日收到你初十日的信，得知你的病三次复发，近来已痊愈了吗？小船还没到徐，而此处群贼聚集于铜、沛二县，攻破圩寨很多，与微山湖相近。湖中水浅，近郡的地方又窄，小船或许是怕贼而不敢进？马步贼大约六七万人，火器虽少而剽悍异常，看来凶焰还要持续一些日子。我已决定与贼相终始，所以也是安之若素。

文辅卿从京城来此，将近来发生的事说的很详细。关于九叔的谣言渐渐少了，霞仙虽然降调了，但是舆论的评议还好。云仙的众望稍微减退，皇帝的恩眷也是一般。刚接到云仙的信，婚期已改到明年，然则你今年冬天也可以不回湘了。原信抄去一阅，你母亲身体健康，胃口好，十分欣慰，十分欣慰！

涤生手示

（同治四年九月十八日）

［评析］

面对众多贼军，曾国藩决定与之相始终，而且还“安之若素”，可见其心理素质及涵养极好。曾国荃因为弹劾湖广总督官文，而惹的浮言四起，如今已渐平息。刘蓉虽然降调，但舆论尚好。郭嵩焘的众望减退，之后也调离了广东巡抚的职位，这些都是京城近来发生的事。

信的末尾写得知自己的夫人身体健康，连着说两次“甚慰”，可知曾国藩对夫人的感情很深，是一位十分重情谊的人。

八十三　谕纪泽（用刀须略明行气之法）

字谕纪泽：

兹将邵位西墓铭付回。其兄之名空二字，尔可填写，交匠人钩摹刊刻。季公墓铭，匠人刻出太时俗，无深厚之意，余字尚不如是薄也。尔可教张氏二匠，用刀须略明行气之法，刀下无气，则顺修逆描，全失劲健之气矣。

《几何原本序》付去照收。余十九日复奏李公入洛、李、丁迭迁一疏，尔可至李宫保署查阅。此嘱。

涤生手示

（同治四年九月二十五日）

［译文］

字谕纪泽：

现在将邵位西的墓志铭付回去。其兄的名字空了两个字,你可以填写上,交给匠人钩摹刊刻。季公的墓志铭,匠人刻的过于流俗化,没有深厚之意,我的字刻出后不要像它那样薄。你可教张氏二匠,用刀必须知道行气的方法,刀下无气,则反复修补,全失劲健之气矣。

《几何原本序》付去照收。我十九日又奏请李公(李鸿章)入洛,李(宗羲)、丁(日昌),毁掉一书,你可到李宫保署查阅。此嘱。

涤生手示

(同治四年九月二十五日)

[评析]

曾国藩对文章、书法一向以"气势"、"劲健"为要,故担心匠人刻出后失其劲健之气。此外,朝廷想以李鸿章、李宗羲、丁日昌三人的升迁夺曾国藩之实权,而曾国藩巧妙地给予回击,显示出其高超的政治权谋。

八十四　谕纪泽纪鸿(养生要诀为少恼怒节俭)

字谕纪泽、纪鸿:

二十六日接纪泽二十日排递之禀,纪鸿初六日舢板带来禀件衣书,今日派夫往接矣。李老太太病势颇重,近日略愈否?深为系念。泽儿肝气痛病亦全好否?尔不应有肝郁之症,或由元气不足,诸病易生,身体本弱,用心太过。上次函示以节啬之道,用心宜约,尔曾体验否?

张文端公(英)所著《聪训斋语》,皆教子之言。其中言养身、择友、观玩山水花竹,纯是一片太和生机,尔宜常常省览。鸿儿体亦单弱,亦宜常看此书。吾教尔兄弟,不在多书,但以圣祖之《庭训格言》(家中尚有数本)、张公之《聪训斋语》(莫宅有之,申夫又刻于安庆)二种为教,句句皆吾肺腑所欲言。

以后在家则莳养花竹,出门则饱看山水,环金陵百里内外,可以遍游也。算学书切不可再看,读他书亦以半日为率,未刻以后,即宜歇息游观。古人以惩忿窒欲为养生要诀,"惩忿"即吾前信所谓少恼怒也,"窒欲"即吾前信所谓知节啬也。因好名好胜而用心太过,亦欲之类也。药虽有利，害亦随之，不可轻服。切嘱！

涤生手示

（同治四年九月晦日）

［译文］

字谕纪泽、纪鸿：

二十六日接到纪泽二十日驿站粘排单递送来的禀帖，初六日舢板所带纪鸿禀帖、衣物、书籍等物，今天已派人去接应。李老太太病势相当严重，近日来略好些了吗？我深为挂念。泽儿肝气痛的病是不是也好了？你不该有肝气郁结之症。也许是由于元气不足，容易得病，身体本来虚弱，而且用心太过。上次去信告你节俭之道，用心也要俭省，你可曾体验一下？

张文端公（英）所著的《聪训斋语》，都是教训孩子的话。其中讲保养身体、选择朋友、观赏山水花竹，纯粹显现的是一片太和的生机，你应该时时阅读反省。鸿儿身体也单薄瘦弱，也应经常看这本书。我教导你们兄弟不在看多少书，但用圣祖的《庭训格言》（家里还有几本）、张公的《聪训斋语》（莫家有这书，申夫又曾在安庆刊刻）两种来教育你们，书中句句都是我心中想说的话。

以后在家就种竹养花，出门就尽情欣赏山水，环绕金陵城百里远近，可以到处游览。算学的书不能再看了，读其他书也以半天为限。每日未时以后，就应休息或游览，古人把警惕愤怒，阻塞欲望作为保养身心的诀窍。警惕愤怒就是我日前信里所说的少恼怒，阻塞欲望就是我以前信里所说的知道节俭。因为喜爱名声、争强好胜而太过分用心思，也属于欲望之类。药物虽然有利，而害处也随之而来，不可轻易服用，切嘱。

涤生手示

（同治四年九月晦日）

［评析］

曾国藩讲究劳逸结合，因此劝诫儿子多保养身体，种竹养花，陶冶性情，警惕愤怒，阻塞欲望，做清心寡欲的正人君子。在此信中，虽然仍能看到曾国藩教子之严格，但对幼子身体的牵挂大大超过了对其提出的要求，在这封信中，我们看到的再不是一个板起脸孔讲学问的老夫子，而是一个满脸疼惜关切的老父亲。

八十五　谕纪泽(早者赏迟者罚)

字谕纪泽儿:

初三夜蒋大春到,接尔二十六日早一禀,具知李老太太病已全愈,尔病亦好,慰慰。

此间之贼,于二十九日稍与马队接仗,其夜即窜萧县,初一二窜又渐远,现尚不知果窜何处。

各兵既力求宽限,以后即限九日,以八百里之程,每日仅走九十里,并非强人所难。仍须立一课程,早到一日赏三百,早二日赏六百,迟一日打四十,二日打八百,革去。

张文端公《聪训斋语》兹付去二本,尔兄弟细心省览,不特于德业有益,实于养生有益。

余身体平安,惟精神日损,老景逐增,而责任日重,殊为悚惧。

(同治四年十月初四日)

[译文]

字谕纪泽儿:

初三夜间蒋大春到此地,接到你二十六日禀帖一通,知道李老太太的病已经痊愈,你的病也好了,很欣慰。

此间敌军于二十九日与徐州城派出的马队小有接触战,当天夜里就流窜萧县,初一、初二日流窜得越来越远,现在还不知道究竟流窜到什么地方去了。

各路人马既然力求宽限日期,以后就限于九天时间,以八百里的路程,每天仅行军九十里。并不算强人所难,还要立一条规定:早到一天赏三百两。早到两天赏给六百两;迟到一天打四十,迟到两天打八十,革职。

张文端公《聪训斋语》现带回两本,你兄弟细心阅读,不仅对品德修养有好处,实际上对养生也有好处。

我身体平安,只是精神渐弱,进入老境,而责任日渐重大,特别恐惧。

（同治四年十月初四日）

[评析]

曾国藩治兵严格，从此信中可见一斑。他详细规定行军时间、路程，并赏罚分明，对早到者赏，迟到者罚。无规矩不成方圆，也正是曾国藩对军队严格的要求，才最终使他在与太平军和捻军的战争中成为胜者。

八十六　谕纪泽纪鸿（现当读《聪训斋语》却病延年）

字谕纪泽、纪鸿：

贼自初三、四两日在丰县为潘军所败，仓皇西窜，行至宁陵，又为归德周盛波一军所败。据擒贼供称，将窜湖北，不知确否。此间俟幼泉游击之师办成，除四镇大兵外，尚有两支大游兵，尽敷剿办。但求朱、唐、金军遣撤不生事变，则诸务渐有归宿矣。

泽儿身体复元，思来徐州省觐，余拟于今冬至曹、济、归、陈四府巡阅地势，现尚未定，尔暂不必来。如余不赴齐、豫，尔至十二月十五以后前来徐州，侍余度岁可也。

彭笛仙在粮台，尔常相见否？其学问长处究竟何如？《聪训斋语》，余以为可却病延年，尔兄弟与松生、慕徐常常体验否？可一禀及。此嘱。

涤生手示

（同治四年十月十七日）

[译文]

字谕纪泽、纪鸿：

贼军自初三、四两日在丰县被潘军所败，仓皇西窜，行至宁陵，又被归德周盛波一军所败。据所擒之贼供称，将窜到湖北，不知是否确定。这里等幼泉游击之师成功，除四镇大兵外，还有两支大游兵，足够剿办。只求朱、唐、金军遣撤不发生事变，那么各种事务渐有归宿矣。

泽儿身体恢复，本来想让你来徐州探望，而我打算于今年冬天到曹、济、归、陈四府巡阅地势，现在尚未决定，你暂时不必来。如果我不赴齐、豫,你到十二月十五以后前来徐州,可以和我一起过年。

彭笛仙在粮台,你常与他相见吗?其学问长处究竟何如?《聪训斋语》,我认为可去病延年,你们兄弟与松生、慕徐常常体验吗?可一一说来。此嘱。

涤生手示

(同治四年十月十七日)

[评析]

曾国藩教子,从来只关心孩子的身体是否健康,学问是否有所长进,只要身体健康,又精通学问,就会有饭吃。不像一些高官,一心只为孩子积累财产,养成奢侈之习性,如此之人,不可效仿。在曾国藩的教导下,他的后辈在各自领域内都能很好地生存,与那些富家子弟的堕落相比,可谓天壤之别。

八十七　谕纪泽纪鸿(拟请吴元甲为纪鸿及陈婿之师)

字谕纪泽、纪鸿:

余近日身体平安,捻匪自窜河南后,久无消息。十九日之摺顷接寄谕,业经照准。

明年寓中请师,顷桐城吴汝纶挚甫来此,渠以本年连捷,得内阁中书,告假出京。余劝令不必遽尔进京当差,明年可至余幕中,专心读书,多作古文。因拟请其父吴元甲号育泉者至金陵教书,为纪鸿及陈婿之师。育泉以廪生举孝廉方正,其子汝纶,系一手所教成者也。挚甫闻此言,欣然乐从,归告其父,想必允许。惟澄,沅叔已答应将富托让与我家居住,明岁将送全眷回湘,吴来金陵,恐非长久之局。挚甫由徐赴金陵,余拟派差官送之,尔可与之面商一切。

鸿儿每十日宜写一禀,字宜略大,墨宜浓厚。此嘱。

涤生手示

(同治四年十月二十四夜)

[译文]

字谕纪泽、纪鸿:

近来我身体平安，捻军从窜入河南以后，很久没有确切消息。十九日奏折，这几天接到谕旨，已经批准。

明年金陵寓中延师一事。这几天桐城吴挚甫汝纶来徐州，他因为今年连续获胜，被任命为内阁中书，此次告假出京。我劝他不必立即进京做官，明年可以到我幕下专心读书，多作古文。因此准备聘请他父亲吴元甲(号育泉者)到金陵来教书，担任纪鸿以及陈婿的老师。育泉以廪生身份被举为孝廉方正，他儿子汝纶就是他一手教育成才的。挚甫听到我这建议很高兴，乐于接受，回去告知其父，我想也一定会允许的。只是澄叔、沅叔已经答应将富圫地方让给我家居住，明年将送全体家眷回湖南，请吴育泉先生来金陵，恐怕也不是长久之计。挚甫从徐州去金陵，我准备派差官相送。你可以和他当面商量。

鸿儿应每十天写一道禀帖，字要稍大一点，墨也要浓厚一点。此嘱。

涤生手示

(同治四年十月二十四夜)

[评析]

曾国藩时刻牵挂幼子的教育，延请当时名士做儿子的老师，教育儿子读书成才，望子成龙之心十分迫切。

八十八　谕纪泽(腊月来徐，随同度岁)

字谕纪泽：

彭宫保尚在安庆，松生陪王益梧去，恐无所遇，抑别有他营耶?

日内贼尚在河南，吴中丞疏称豫省情形万难，供职无状，请另简贤能。谕旨又催移营，现因湖团一案关系极大，必须在徐料理。新年即将移驻河南之周家口。尔可于腊月来徐省觐，随同度岁。由金陵坐船至清江，清江雇王家营轿车至徐，余派弁至清江迎接。大约水陆不过十二三日程耳。季荃无病，何必托词不来?

《聪训斋语》俟觅得再寄。余前信欲乞慕徐斋头《全唐文》残本中韩文一种，尔曾与慕徐说及否?《明史》亦未带来。尔腊月来营，可将此二书带来。《明史》即将陈刻本带来亦可。王氏《广雅疏证》可附带也。

尔岳霞仙先生因杨厚庵代陕绅奏留，仍留秦中，金陵已见邸钞否？

（同治四年十一月初六日）

［译文］

字谕纪泽：

彭宫保还在安庆，松生陪同王益梧前去，恐怕遇不上，或许另有其他兵营吧？

河南巡抚吴中丞昌寿上书，称言河南形势艰难，自己任职无功绩，请朝廷另行简选贤能人士。谕旨又催促我改换驻地。现因湖团一案关系重大，定要在徐州处理此事。新年我将移驻河南的周家口。你可以在腊月来徐州看我，陪我过新年，从金陵坐船到清江浦，从清江雇用王家营的轿子、马车到徐州，我会派马井到清江迎接你，大概水陆合计不过十二三天的路程。季荃没有病，为什么要找借口不来呢？

《聪训斋语》待找到再寄吧，我以前去信想要慕徐书斋所有《全唐文》残本当中韩昌黎文一种，你是否曾与郭慕徐提起过？《明史》也没有能带来。你腊月间来军营时，可以把这两部书带来。《明史》即把陈刻本带来也行，王念孙的《广雅疏证》也可一同带来。

你岳父霞仙先生因为杨厚庵代陕西诸绅上奏请求留任，仍巡抚陕西。在金陵是不是已看到邸钞？

（同治四年十一月初六日）

［评析］

略叙近况并安排来日行程，希望儿子陪同共度新年，得知季荃无病却不同来，略微责备，却可见失望之情。军中不可一日无书，曾国藩的大将风范除了体现在运筹帷幄之上，恐怕最令人敬仰的还是他学而不厌、持之以恒的进取精神。

八十九　谕纪泽纪鸿（全眷以三月回湘为妥）

字谕纪泽、纪鸿：

尔母之信，欲令泽儿夫妇先归，而自带鸿儿留金陵，以便去余稍近，声息易通。余明年正月即移驻周家口，该处距汉口八百四十里，距长沙一千六百余里，距金陵亦一千三百余里。两边皆系陆路，通信于金陵，与通信于长沙，其难一也。泽儿来此省觐，送余移营起程后即回金陵，全眷仍以三月回湘为妥。吴育泉正月上学，教满两月，如果师弟相得，或请之赴湖南，或令纪鸿、陈婿随吴师来余营读书，亦无不可。家中人少，不宜分作两处住也。

余日来核改水师章程，将次完竣。惟提、镇以下至千、把，每年各领养廉若干，此间无书可查，泽儿可翻《会典》，查出寄来（难钞许多，将书数本折角寄）。凡经制之现行者查典，凡因革之有由者查事例。武职养廉，记始于乾隆四十七年补足名粮案内。文职养廉，记始于雍正五年耗羡归公案内。尔细查武养廉数目，即日先寄。又提督之官，见《明史·职官志》"都察院"条内，本与总督、巡抚等官皆系文职而带兵者，不知何时改为武职？尔试翻寻《会典》，或询之凌晓岚、张啸山等，速行禀复。

涤生手示

（同治四年十一月十八日）

［译文］

字谕纪泽、纪鸿：

你母亲信中说，想让泽儿夫妇先回，而自带鸿儿留在金陵，以便离我稍近，消息容易相通。我明年正月就移驻到周家口，此处距离汉口八百四十里，距离长沙一千六百余里，距离金陵也一千三百余里。两边全是陆路，通信于金陵，和通信于长沙，难度是一样的。泽儿来这边探视，送我移营起程后就回金陵，所有家眷仍然以三月回湘为妥。吴育泉正月上学，教满两个月，如果师生相处的不错，或者请他赴湖南，或者让纪鸿、陈婿随吴师来我营中读书，也无不可。家中人少，不宜分作两地住也。

我近来核对水师章程，即将完成。唯提督、总兵以下至千总、把总，每年各领取养廉银若干，这边无书可查，泽儿可以翻阅《会典》，查出后寄来（难抄许多，将书数本折角寄回）。凡是现行的正规设施可查阅典，凡是因袭与改革有原因的查阅事例。武职的养廉银，开始于乾隆四十七年补足名粮的案子内。文职的养廉银，开始于雍正五年耗羡归公案内。你仔细查武职养廉银的数目，即日先寄来。还有提督之官，见于《《明史·职官志》“都察院”条内,本与总督、巡抚等官都是文职而带兵的,不知什么时候改为武职了?你试翻寻《会典》,或者询问凌晓岚、张啸山等,速行禀复。

涤生手示

(同治四年十一月十八日)

[评析]

此信前半部分反映了曾国藩的恋乡情节,让家人不要居住在都市中,以回湘为好。并关心儿子与老师相处的关系,可见曾氏十分重视儿子的读书之事。信的后半部分主要指导纪泽查阅《会典》,弄清养廉银的事情,可看出曾国藩做事认真,不敷衍了事的品性。

九十　谕纪泽(北徐严寒甚于金陵尔宜有筹备之)

字谕纪泽:

蒋大春赍到《会典》五册、《明史》一册。国初提督尚文武兼用,厥后专用武职,不知始于何时?前明有挂印总兵,以总兵而挂“平西将军”、“征南将军”等印,国朝总兵亦间存挂印之名,而实无真印,不知何年并挂印之名而去之?尔试问刘伯山能记之否?水师章程定于十二月出奏,如其查不出,亦不要紧,凡办事不必定讲考据也。

尔来徐州,初十后即可起程,余于十二三派员至清江接护。北徐严寒甚于金陵,尔最畏寒,宜有以筹备之。或谓洋绒作绵袄绵裤之里最暖,但绵不宜厚,尔至扬州买三四丈带来。余不悉。

涤生手示

(同治四年十一月二十九日)

[译文]

字谕纪泽:

蒋大春送到《会典》五册、《明史》一册。本朝之初提督一职还是文职、武职兼用的,其后才专用武职担任,不知从什么时候开始的?前明朝有所谓挂印总兵，以总兵而挂平西将军、征南将军等印。本朝总兵也有挂印的名义项实际上并没有真印，不知哪一年连挂印的名目都取消了。你可试问一下看刘伯山还能记得吗？水师章程已定于十二月间奏上。如果查不出来，也不要紧，凡办实事不一定非要讲究考据。

你如来徐州，初十以后就可以上路了。我于十二三日派专人到清江浦接应照顾。徐州非常寒冷，比金陵更厉害。你最怕冷，应事先做好准备。有人说用羊绒来做棉袄、棉裤的里子最暖和，但是棉不宜太厚。你到扬州的时候可以买三四丈羊绒带来。其他不详谈。

涤生手示

（同治四年十一月二十九日）

［评析］

曾国藩教子事无巨细，幼子来徐，他记起儿子怕冷，故叮嘱到了扬州买三四丈羊绒带来，以做棉袄、棉裤的里子，其心细若慈母，霎时令人忘记了这是一位指挥千军万马的堂堂军队总领。

九十一　谕纪鸿（凡事皆有极困极难之时，要持之以恒）

字谕纪鸿：

尔学柳帖《琅琊碑》，效其骨力则失其结构，有其开张则无其抗搏。古帖本不易学，然尔学之尚不过旬日，焉能众美毕备，收效如此神速？余昔学颜柳帖，临摹动辄数百纸，犹且一无所似。余四十以前在京所作之字，骨力间架皆无可观，余自愧而自恶之。四十八岁以后，习李北海《岳麓寺碑》，略有进境，然业历八年之久，临摹已过千纸。今尔用功未满一月，遂欲遽跻神妙耶？余于凡事皆用困知勉行工夫，尔不可求名太骤，求效太捷也。

以后每日习柳字百个，单日以生纸临之，双日以油纸摹之。临帖宜徐，摹帖宜疾，专学其开张处。数月之后，手愈拙，字愈丑，意兴愈低，所谓“困”也。困时切莫间断，熬过此关，便可少进。再进再困，再熬再奋，自有亨通精进之日。不特习字，凡事皆有极困极难之时，打得通的，便是好汉。

余所责尔之功课，并无多事，每日习字一百，阅《通鉴》五叶，诵熟书一千字（或经书，或古文、古诗，或八股、试帖。从前读书，即为熟书，总以能背诵为止，总宜高声朗诵），三八日作一文一诗。此课极简，每日不过两个时辰即可完毕，而看、读、写、作四者俱全，余则听尔自为主张可也。

尔母欲与全家住周家口，断不可行。周家口河道甚窄，与永丰河相似，而余住周家口亦非长局，决计全眷回湘。纪泽俟全行复元，二月初回金陵。余于初九日起程也。此嘱。

（同治五年正月十八日）

［译文］

字谕纪鸿：

你学习柳公权的书帖《琅玡碑》，仿效他的骨力，就失去了他的结构；学习他的开张气势，就没有了他揽搏的功夫。古帖本不容易学好，更何况你还只不过学了十天，怎能具备他全部的优点，收效如此神速呢？我过去学习颜、柳的书帖，临摹动不动就是几百张纸，还丝毫没有相似的地方。我四十几岁以前在京城所写的字，骨力与间架结构都没有可取之处，自己都感到羞愧以至于讨厌自己的字。四十八岁之后，学习李北海的《岳麓寺碑》，稍有进展，但经历了八年之久，临摹已超过一千张纸。今天你用功不到一个月，难道就想很快进入奇妙的境界？我认为任何事情遇到困难才能获得真知，你要身体力行，不追求成名太快，见效太快。

今后你每天要练习写柳字一百个，逢单日用生纸临写，逢双日则用油纸摹写。临写要缓慢，摹写要快捷，专学它字势开张的地方。几个月之后，手会越来越笨拙，字也越来越丑，意趣则越来越低，这就叫做“困”。困的时候一定不要中断，熬过这一关，便会有些许进步。再进步，又再遇到困难，再次熬过来，再次发奋，自然有贯通上进的一天。不仅是练字，凡事都有非常困难的时候，能够弄得通的，就是好汉。

我对你的功课要求并不太多，每天练字一百个，读《资治通鉴》五页，诵读熟悉的书一千个字（或是经书或古文古诗，或是八股文、试帖诗，从前读过的就算是熟悉的书，总要以能够背诵为止，并且要高声朗诵），逢三、逢八作一篇文章、一首诗。这功课非常简单，每天不过两个时辰就能完成。看书、诵读、写字、作文四者都具备了,其余的就任凭你自己做主了。

你母亲打算和全家人都住到周家口,这绝对不行。周家口河道很狭窄,与永丰河类似,而我在周家口也不会长住,全家人一定要都回湖南。等到纪泽身体完全康复,二月初回金陵。我将于初九出发。此嘱。

(同治五年正月十八日)

[评析]

曾国藩提出练习写字会经历一个令人沮丧的“困”的阶段,当此时,万不能中断,熬过这一关就能有所进步。不仅是练字,凡事都有非常困难的时候,能够弄得通的,就是好汉。其实这同样还是强调持之以恒,只有有了恒心,才可能把学问做好,把字练好,困难也才能迎刃而解。

九十二　谕纪鸿(明年乡试,现在八股试帖上讲求)

字谕纪鸿:

日内未接尔禀,想阖寓平安。余定以二月九日由徐州起程,至山东济、兖、河南归、陈等处,驻扎周家口,以为老营。纪泽定于初一日起程,花朝前后可抵金陵,三月初送全眷回湘。

尔出外二年有奇,诗文全无长进,明年乡试,不可不认真讲求八股、试帖。吾乡难寻明师,长沙书院亦多游戏征逐之习,吾不放心。尔至安黄后,可与方存之、吴挚甫同伴,由六安州坐船至周家口,随我大营读书。李申夫于八股、试帖最善讲说,据渠论及,不过半年,即可使听者欢欣鼓舞,机趣洋溢而不能自已。尔到营后,弃去一切外事,即看《鉴》、临帖、算学等事皆当辍舍,专在八股、试帖上讲求。丁卯六月回籍乡试,得不得虽有命定,但求试卷不为人所讥笑,亦非一年苦功不可。

(同治五年正月二十四日)

[译文]

字谕纪鸿:

这几天没有接到你的禀帖，想来应全家平安。我定于二月九日从徐州出发，先到山东济宁、兖州、河南归德、陈州等府，然后驻扎在周家口，作为老营。纪泽定于初一日动身，十五日花朝节前后可以抵达金陵，三月初送全体家眷回湖南。

你出来已经两年多，诗文水平完全没有进步提高，明年乡试，你不能不认真讲究八股文、试帖诗的做法。咱们老家很难找到明白的老师，长沙书院又多有游乐嬉戏、相邀宴饮的风气，我不放心让你去。你到安黄以后，可以与方存之、吴挚甫结伴同行，由六安州坐船到周家口，随着我在大营中读书。李申夫对八股文、试帖诗最善于讲解说明。据他自己说，不出半年，就能让听讲的人欢欣鼓舞、生机蓬勃、情趣洋溢，自己都不能控制。你到我大营之后，屏去世事不问，就连看《通鉴》、临帖练字以及算学等事都应该停止、舍弃，专心在八股、试帖上议论探求。丁卯年六月回老家参加乡试，中与不中虽然是天命所定，就是只求试卷文字不至于被别人所讥笑，也非要下一年苦功不行。

（同治五年正月二十四日）

［评析］

清代科举考试专考八股文、试帖诗，学子若想榜上有名，必须在这两方面下大工夫。但这种考察制度陈腐落后，禁锢人的思维，故曾国藩在平日教导儿子时并未专练这两种文体。但乡试在即，曾国藩不得不要求儿子认真讲究八股文、试帖诗的做法，并延请名师对之辅导，希望儿子专心在八股、试帖上议论探求，以应对考试，足见其良苦用心。

九十三　谕纪鸿（勿忘而兼以勿助）

字谕纪鸿：

凡作字，总要写得秀。学颜、柳，学其秀而能雄，学赵、董，恐秀而失之弱耳。尔并非下等资质，特从前无善讲善诱之师，近来又颇有好高好速之弊。若求长进，须勿忘而兼以勿助，乃不致走入荆棘耳。（究

州行次）

（同治五年二月十八日）

［译文］

字谕纪鸿：

大体说写字总要写得秀气，学颜真卿、柳公权，学他们秀气而又能雄健；学赵孟頫、董其昌，恐怕秀气而失之笔力弱。你并不属于下等的资质，仅仅是因为以前没有遇到善于讲解，善于诱导的老师，近来你又有好高骛远、希望迅速成功的毛病。苦心追求能有所长进，要有记性而且还要没有别人帮助，这才不至于误入歧途。（兖州行次）

（同治五年二月十八日）

［评析］

曾国藩十分注重字的气势和结构，教纪鸿写字要秀且雄健，此也是写字之上乘境界。针对纪鸿好高骛远，急于求成的心理，曾国藩教导其“勿忘而兼以勿助”，的确是一计良策。

九十四　谕纪泽纪鸿（保养身体，顺其自然）

字谕纪泽、纪鸿：

接纪泽在清江浦、金陵所发之信。舟行甚速，病亦大愈，为慰。

老年来始知圣人教孟武伯问孝一节之真切。尔虽体弱多病，然只宜清静调养，不宜妄施攻治。庄生云：“闻在宥天下，不闻治天下也。”东坡取此二语，以为养生之法。尔熟于小学，试取“在宥”二字之训诂，体味一番，则知庄、苏皆有顺其自然之意。养生亦然，治天下亦然。若服药而日更数方，无故而终年峻补，疾轻而妄施攻伐，强求发汗，则如商君治秦、荆公治宋，全失自然之妙。柳子厚所谓“名为爱之，其实害之”，陆务观所谓“天下本无事，庸人自扰之”，皆此义也。东坡《游罗浮》诗云：“小儿少年有奇志，中宵起坐存《黄庭》。”下一“存”字，正合庄子“在宥”二字之意。盖苏氏兄弟父子皆讲养生，窃取黄老微旨，故称其子为“有奇志”。以尔之聪明，岂不能窥透此旨？余教尔从眠、食二端用功，看似粗浅，却得自然之妙。尔以后不轻服药，自然日就壮健矣。

余以十九日至济宁，即闻河南贼匪图窜山东，暂驻此间，不遽赴豫。贼于二十二日已入山东曹县境，余调朱星槛三营来济护卫，腾出潘军赴曹攻剿。须俟贼出齐境，余乃移营西行也。

尔侍母西行，宜作还里之计，不宜留连鄂中。仕宦之家，往往贪恋外省，轻弃其乡，目前之快意甚少，将来之受累甚大，吾家宜力矫此弊。

（同治五年二月二十五日）

［译文］

字谕纪泽、纪鸿：

接到纪泽在清江埔和金陵所发出的信。船走得很快，你的病已基本好了，很欣慰。

年老之后才知道《论语》孔圣人答复孟武伯请教孝道一节所讲真实恳切。你虽然体弱多病，然而只适宜清静调养，不适宜随便用药治疗。庄子曾说：“只听说要让天下的人自在宽舒，没有听说要统治天下的。”苏东坡就摘取这两句话作为养生的办法。你对小学很熟悉，可取“在宥”二字的训诂体会玩味一番，就知道庄子、苏东坡都有顺其自然的意思。个人保养身体是这样，治理天下也是这样，如果吃药而每天更换几种药方，无缘无故而整年猛烈地补养，病情本来轻微而妄加药物强求发汗，那就像商鞅治理秦国王安石治理北宋，完全丧失了自然的妙味。柳宗元所说的“名义上是爱护其实是伤害”，陆游所说的“天下本无事，庸人自扰之”，都是这个意思。苏东坡《游罗浮》诗说：“小儿少年有奇志，中宵起坐存《黄庭》”。下句一个“存”字，正合乎庄子“在宥”二字的意思。因苏家父子兄弟都讲究养生，采取黄老之说精微的旨意，所以称赞他的儿子有奇志。以你的聪明，难道不能看透这一层旨意吗？我教你从睡眠、饮食两件事上用功，看来似乎粗俗浅陋，实际上却能得自然的妙用，你以后不轻易吃药，自然越来越健壮了。

我于十九日到济宁，听说河南捻军图谋流窜山东，就暂时住在此间，不立即前往河南。捻军于二十二日已进入山东曹县境内，我调朱星槛三营来济宁防护，腾出潘鼎新一军前往曹县攻剿捻军。要等到捻军离开山东境内，我才能调动军队向西前进。

你陪同母亲西行,要打回归乡里的主意,不要留连武昌等地。做官人家,往往贪恋外省的繁华,轻于放弃自己的家乡,相比之下眼下的舒心快意其实很少,将来所受连累其实很大。我家人应力求矫正这一弊病。

(同治五年二月二十五日)

[评析]

曾国藩讲究顺其自然的养生之道,建议多清静调养,少吃药治疗,并且由保养身体联系到治理国家,认为治国也需借鉴黄老之学,以无为代有为。中国封建文化儒道互补,从曾国藩的此信中就可见到儒家文化和道家文化在中国文人身上的和谐统一。

九十五　谕纪泽(纪鸿随母先至湖北,再行定计)

字谕纪泽:

全眷起行已定十七、二十六两日,当可从容料理。得沅叔二月十三日信,定于三月初间赴鄂履任。尔等到鄂,当可少为停留。

贼在山东,余须留于济宁,就近调度,不能遽至周家口。纪鸿儿过安庆时,不可轻赴周口,且随母至湖北,再行定计。尔过安庆,往拜吴挚甫之父穜泉翁,观其言论风范,果能大有益于鸿儿否?如其蔼然可亲,尔兄弟即定计请之,同船赴鄂,即在沅叔署中读书。若余抵周家口,距汉口八百四十里,纪鸿省觐,尚不甚难。尔则奉母还乡,不必在鄂久住。

金陵署内木器之稍佳者,不必带去。余拟寄银三百,请澄叔在湘乡、湘潭置些木器,送于富圫,但求结实,不求华贵。衙门木器等物,除送人少许外,余概交与房主姚姓、张姓,稍留去后之思。

(同治五年三月初五日)

[译文]

字谕纪泽:

全体家眷动身已定在十七日、二十六日两天,应该来得及从容准备。收到沅叔二月十三日来信,他定于三月上旬往湖北上任。你等到武昌,可以停留几天。

捻军在山东，我要留在济宁，就近调动军队，不能速到周家口。纪鸿儿路经安庆的时候，不要轻易到周口去，暂且随同你母亲到湖北，再做决定。你路过安庆时，前去拜谒吴挚甫的父亲穜泉翁，观察他的言论风范，是不是真能大有益于纪鸿儿？如果和蔼可亲，你们兄弟就可以决定聘请他，同船前往武昌，就在沅叔官署当中读书。如果我到周家口，距汉口八百四十里，纪鸿来此省亲看我也不很困难。你就陪同母亲还乡，不必在武昌住得太久。

金陵衙署里较好的木器家具没有必要带走，我准备寄上白银三百两，请澄叔在湘乡、湘潭置办一些木器，送到富圫。只求结实耐用，不求华贵奢侈。衙门内木器等除少量送人以外，其余一概交给房东姚、张等，也算留点念信。

（同治五年三月初五日）

［评析］

此信是对家人近期行程的安排。曾国藩在军营中日理万机，治家却事无巨细，一一料理。大儿子纪泽将到安庆，他特意嘱咐儿子去拜访吴挚甫的父亲穜泉翁，这位先生即曾国藩为纪鸿参加乡试而专门聘用的辅导八股文和试帖诗的老师，曾国藩擅长相人，此次让纪泽前去考察，想必也是对纪泽的一番考验。

九十六　谕纪泽纪鸿
（泽儿宜从“浑”字上下工夫，鸿儿宜从“勤”字上下工夫）

字谕纪泽、纪鸿：

顷据探报，张逆业已回窜，似有返豫之意。其任、赖一股锐意来东，已过汴梁，顷探亦有改窜西路之意。如果齐省一律肃清，余仍当赴周家口，以践前言。

雪琴之坐船已送到否？三月十七果成行否？沿途州县有送迎者，除不受礼物酒席外，尔兄弟遇之，须有一种谦谨气象，勿恃其清介而生傲惰也。余近年默省之“勤、俭、刚、明、忠、恕、谦、浑”八德，曾为泽儿言之，宜转告与鸿儿。就中能体会一二字，便有日进之象。泽儿天质聪颖，但嫌过于玲珑剔透，宜从“浑”字上用些工夫，鸿儿则从“勤”字上用些工夫。用工不可拘苦，须探讨些趣味出来。

余身体平安，告尔母放心，此嘱。（济宁州）

（同治五年三月十四夜）

［译文］

字谕纪泽、纪鸿：

近接探报，张宗禹已经向回流窜，似乎有返回河南的意向。任柱、赖文光部锐意东进，已过汴梁，近日探报经该部亦有改道窜向西路的意向。如果山东捻军全部肃清，我还应去周家口，以实现以前的计划。

雪琴所坐的船是不是已经送到？三月十七日真能上路吗？沿途州县官员人等有来送迎的，除了不能接受礼物及酒席以外，你兄弟对待他们要有谦虚谨慎的态度，不要自恃清高耿介，表现出傲慢怠惰。我近年来默默自我反省的勤、俭、刚、明、忠、恕、谦、浑等八种品德，曾经对泽儿提及，要转告鸿儿，从中体会一两个字，便能天天进步，泽儿天资聪颖，只是嫌过于聪明伶俐了，要在浑厚上努力。鸿儿则从勤奋上努力。用功不要拘泥于刻苦，要探讨出一些意趣兴味出来。

我的身体平安，转告你母亲让她放心。此嘱。（济宁州）

（同治五年三月十四夜）

［评析］

曾国藩位高权重，深恐家人假借其名义收受礼物，养成不良作风，因此每次家人出行，必交代要谦虚谨慎，避免惊动沿途官长，其廉洁、正直令人汗颜。

九十七　谕纪泽纪鸿(全眷径直回籍，纪鸿留鄂署读书)

字谕纪泽、纪鸿：

接尔二人在裕溪口、在安庆、在九江所发信，知沿途清吉为慰。此时想已安抵湖北，沅叔恩明谊美，必留全眷在湖北过夏。余意业已回籍，即以一直到家为妥。

富托房屋如未修完，即在大夫第借住，纪鸿即留鄂署读书。世家子弟，既为秀才，断无不应科场之理。既入科场，恐诗文为同人及内外帘所笑，断不可不切实用功。科六与黄宅生若来湖北，纪鸿宜从之讲求八股。湖北有胡东谷，是一时文好手，此外尚有能手否？尔可禀商沅叔，择一善讲者而师事之。

余尚不能遽赴周家口，申夫亦不能遽赴鄂中。道远而逼近贼氛，鸿儿不可冒昧来营，即在武昌沅叔左右，苦心作诗文、经策。

涤生手示（济宁）

（同治五年四月二十五日）

［译文］

字谕纪泽、纪鸿：

接到你二人在裕溪口、在安庆、在九江所发的信，得知沿途平安十分安慰。此时想来应该已经抵达湖北，沅叔恩明谊美，必留全家人在湖北过夏天。我的意思既然已经回籍，就以一直到家为妥。

富托的房屋如果没有修完，就在大夫第借住，纪鸿就留在鄂署读书。世家子弟，既然为秀才，万没有不应科场的道理。既入科场，恐诗文为同人和考官们所笑，断然不可不切实用功。科六与黄宅生如果来湖北，纪鸿宜从之讲求八股。湖北有胡东谷，是一位八股文好手，此外还有能手吗？你可以与沅叔商量，选择一位善讲者而以老师之礼待他。

我还不能速去周家口，申夫也不能速去鄂中。道路遥远而逼近贼军，鸿儿不可冒昧来营，就在武昌沅叔身边，苦心作诗文、经策。

涤生手示（济宁）

（同治五年四月二十五日）

［评析］

此信要求纪鸿下工夫读书，求名师而学做八股文，为的是参加科举博得功名。曾国藩身为朝廷大员，为儿子谋一官职是很容易的事，但他不这样做，就是为了让儿子靠自己的本事去获取，这种教子之法，使人敬佩！

九十八 谕纪泽纪鸿(读必手钞,熟必背诵)

字谕纪泽、纪鸿:

接尔二人禀,知尔九叔母率全眷抵鄂,极骨肉团聚之乐。宦途亲眷,本难相逢,乱世尤难,留鄂过暑,自是至情。

鸿儿与瑞侄一同读书,请黄泽生看文,恰与吾前信之意相合。屡闻近日精于举业者,言及陕西路闰生先生(德)《仁在堂稿》及所选仁在堂试帖、律赋、课艺,无一不当行出色,宜古宜今。余未见此书,仅见其所著《柽花馆试帖》,久为佩仰。陕西近三十年科第中人,无不出闰生先生之门,湖北官员中想亦有之。纪鸿与瑞侄等须买《仁在堂全稿》、《柽华馆试帖》,悉心揣摩,如武汉无可购买,或摺差由京买回亦可。

鸿儿信中拟专读唐人诗文。唐诗固宜专读,唐文除韩、柳、李、孙外,几无一不四六者,亦可不必多读。明年乡试,鸿、瑞两人宜专攻八股试帖,选《仁在堂》中佳者,读必手钞,熟必背诵。尔信中言须能背诵乃读他篇,苟能践言,实良法也。读《柽华馆试帖》,亦以背诵为要。对策不可太空,鸿、瑞二人可将《文献通考》序二十五篇读熟,限五十日读毕,终身受用不尽。既在鄂读书,不必来营省觐矣。

涤生手示

(同治五年五月十一夜)

[译文]

字谕纪泽、纪鸿:

接到你二人禀帖,知道你九叔母率全家到了武昌,享受亲人团聚的乐趣。做官人家亲属本来难于见面,乱世就更难,所以留在武昌过暑,也是最真挚的感情。

鸿儿与瑞侄一起读书,请黄宅生先生给看文章,恰好和我日前那封信的意思一致。多次听说近来精通八股文的人士提到陕西的路闰生先生(德)的《仁在堂稿》及他所选的仁在堂试帖、律赋、课艺,没有一种不是当行出色,古今咸宜。我没有见过这些书,只见过他著的《柽花馆试帖》,钦佩敬仰已久。近三十年来陕西科举考试的人才,没有不出自闰生先生之门的。我想湖北官员中也有他的门徒。纪鸿与纪瑞侄要买来《仁在堂全稿》、《柽花馆试帖》,仔细揣摩。如果武汉买不到,由送奏折的差人从京师买回来也行。

鸿儿来信说准备专门读唐朝人的诗文。唐诗当然应该专门去读,唐人文章除了韩愈、柳宗元、李翱、孙樵以外,几乎都是四六文,所以也不必多读。明年纪鸿、纪瑞两人要专攻八股文和试帖诗。选择《仁在堂》中的好文章,读时一定要亲手抄录,熟悉的一定要背诵。你信中说到一篇要到能背诵才读另一篇,如果能实践你的话。实际上这就是好方法。读《柽花馆试帖》,也以背诵为关键。对策不能太空位。纪鸿、纪瑞二人可以把《文献通考》中的二十五篇序熟读,限五十天读完,这会终生受用。既然在湖北官署读书,就不必来大营看我了。

涤生手示

(同治五年五月十一夜)

[评析]

为应对来年的科举考试,曾国藩为儿子和侄子推荐读陕西路闰生先生的《仁在堂稿》,并提出读时一定要亲手抄录,熟悉的一定要背诵,方法虽苦,但已被无数人证明是学习的有效途径。

九十九　谕纪泽纪鸿(以谦虚谨慎为本)

字谕纪泽、纪鸿:

沅叔足疼全愈,深可喜慰,惟外毒遽瘳,不知不生内疾否?

唐文李、孙二家,系指李翱、孙樵。"八家"始于唐荆川之《文编》,至茅鹿门而其名大定。至储欣同人而添孙、李二家,《御选唐宋文醇》亦从储而增为十家。以全唐皆尚骈俪之文,故韩、柳、李、孙四人之不骈者为可贵耳。

湘乡修县志,举尔纂修。尔学未成就,文甚迟钝,自不宜承认。然亦不可全辞,一则通县公事,吾家为物望所归,不得不竭力赞助;二则尔惮于作文,正可借此逼出几篇。天下事,无所为而成者极少,有所贪、有所利而成者居其半,有所激、有所逼而成者居其半。尔篆韵钞毕,宜从古文上用功。余不能文,而微有文名,深以为耻。尔文更浅,而亦获虚名,尤不可也。或请本县及外县之高手为撰修,而尔为协修。吾友有山阳鲁一同通父,所撰《邳州志》、《清河县志》(下次专人寄回),即为近日志书之最善者。此外再取有名之志为式,议定体例,俟余核过,乃可动手。

纪鸿前文,申夫改过,并自作一文三诗,兹寄去。申夫订于八月至鄂,教授一月,即行回川。渠善于讲说,而讲试帖尤为娓娓可听。鸿儿、瑞侄听渠细讲一月,纵八股不进,试帖必有长进。鸿儿文病在太无扗意,以后以看题及想扗意为先务。

涤生手示

(同治五年六月十六日)

[译文]

字谕纪泽、纪鸿:

沅叔脚病完全好了,值得喜悦,值得欣慰。只是外面的湿毒迅速痊愈,不知道是不是会有什么内科疾病?

唐朝文章的李、孙两家,是指李翱、孙樵。八家的说法始于唐荆川(顺之)的《文编》,到茅鹿门(绅)就大致确是了八家所指,到储欣(同人)又增加了李、孙两家,御选《唐宋文醇》,也依从储欣的说法而增加为十家。因为整个唐朝都崇尚骈俪回文之风,所以韩、柳、李、孙不作骈文就是可贵的了。

湘乡要修县志,推举你为纂修。你的学业还没有成就,作文很迟钝,当然不宜就此接受,但也不能彻底推辞。一则这是全县人大家的事,我家乃人心所归,不能不竭尽全力赞助此事;二则你一向畏惧做文章的,还可以借此机会逼你写出几篇文章来。天下的事情,无作为却能成功的很少,因为有贪欲、有利益去努力而成功的占到一半,受到激励,受到逼迫而成功的占到一半。你抄完了《篆韵》。应该在古文上用功。我不能写文章,而竟小有能文之名,我感到很耻辱。你的文章更加肤浅,有一些虚名,这更不行了。或者可以请本县或外县的文章高手担任撰修,你为协修。我的友人山阳鲁一同(通父)所撰的《邳州志》、《清河县志》(下次派专人寄回),就是近来志书当中最出色的。此外你再找些有名的地方志做样子,商定全书体例。待我审核以后,才能着手编写。

纪鸿日前文章已经申夫改过,和我作的一文三诗,现寄去。申夫已订于八月到湖北,教授一个月,就回四川,他善于讲解说明,而讲解试帖诗尤其娓娓动听。鸿儿、瑞侄听他仔细讲上一个月,纵使八股文不能进步,试帖诗一定会有进步。鸿儿文章症结在全无支撑,以后应该以审题以及构思支撑为首。

涤生手示

(同治五年六月十六日)

[评析]

曾国藩深知自己儿子的缺点和不足,因此当得知湘乡修县志,推纪泽为纂修,虽不建议其推辞,却也希望儿子以谦虚谨慎为本,担任协修,另请本县或外县的文章高手担任撰修。曾国藩做事极其认真,要求儿子多看有名出色的志书,编出体例后还要交给自己亲自审核,教子之耐心可见一斑。

一百　谕纪泽纪鸿(男懂耕读,女讲纺食)

字谕纪泽、纪鸿儿:

二十五日至宿迁。小舟酷热,昼不干汗,夜不成寐,较之去年赴临淮时,困苦倍之。

吾家门第鼎盛,而居家规模礼节,总未认真讲求。历观古来世家久长者,男子须讲求耕、读二事,妇女须讲求纺绩酒食二事。《斯干》之诗,言帝王居室之事,而女子重在酒食是议。《家人卦》以二爻为主,重在中馈。《内则》一篇,言酒食者居半。故吾屡教儿妇诸女亲主中馈,后辈视之,若不要紧。此后还乡居家,妇女纵不能精于烹调,必须常至厨房,必须讲求作酒、作醯醢、小菜之类。尔等亦须留心于莳蔬养鱼,此一家兴旺气象,断不可忽。纺绩虽不能多,亦不可间断。大房唱之,四房皆和之,家风自厚矣,至嘱,至嘱!

涤生手示(宿迁)

（同治五年六月二十六日）

[译文]

字谕纪泽、纪鸿儿：

二十五日抵达宿迁。小船内非常闷热，白天流汗不止，夜里则无法睡眠，比去年去临淮困苦多了。

我们家门第显盛，而全家人的规矩礼节没有能认真讲究。纵观古今世代为官之家能长久的，男子须讲求耕田、读书两件事，妇女须讲求纺织、酒食两件事。《诗经·斯干》篇说，帝王住宅之事，女子重在“酒食是议”（讲求酒食）。《周易·家人卦》以二爻为主，女子重在“中馈”（酒食）。《礼记·内则》一篇，论述酒食之事的部分占一半。因此我屡次训导儿媳、诸女要亲身主持酒食之事，后辈们却将此事看得不太紧要。今后还乡居家，妇女纵然不能精于烹调，也必须常入厨房，必须讲求酿酒做饭菜。你们必须留心种菜养鱼，此等一家兴盛景象，坚决不可忽视。纺纱搓麻尽管不能多，但也不可中断。长房一唱，四房随和，好家风自然淳厚，这是我最真切的嘱托。

涤生手示（宿迁）

（同治五年六月二十六日）

[评析]

虽家道如日中天，门第显盛，但曾国藩在安乐之中却深怀忧患，生恐家风难继，滋生懒惰怠慢，故要求家人男懂耕读，女讲纺食，保持淳朴乡民的劳动本领，以此使家业长期兴盛。

一百零一　谕纪泽纪鸿（保养身体还需勤劳）

字谕纪泽、纪鸿儿：

在临淮住六七日，拟由怀远入涡河，经蒙、亳以达周口，中秋后必可赶到。届时沅叔若至德安，当设法至汝宁、正阳等处一会。

余近来衰态日增，眼光益蒙，然每日诸事有恒，未改常度。

尔等身体皆弱，前所示养生五诀，已行之否？泽儿当添“不轻服药”一层，共六诀矣。既知保养，却宜勤劳。家之兴衰，人之穷通，皆于勤惰卜之。泽儿习勤有恒，则诸弟七八人皆学样矣。鸿儿来禀太少，以后半月写禀一次。泽儿六月初三日禀亦嫌太短，以后可泛论时事，或论学业也。此谕。

涤生手示

（同治五年七月二十一日）

［译文］

字谕纪泽、纪鸿儿

我在临淮住六七天，准备从怀远进入涡河，经蒙城、亳州到达周家口，中秋前一定能够赶到。到那时如果沅叔在德安，应设法至汝宁、正阳等地一见。

我近来更加衰老，视力更加模糊。然而每天做各事都有规律，还没有改变旧规矩。

你们身体都虚弱，前次告你们的养生五诀，已经照办了吗？泽儿应该加上不轻易吃药这一条，共是六诀。已经知道保养身心，还要勤劳。家族兴盛衰落，人的穷困通达，都可以从勤奋懒惰预先看出来。泽儿能坚持勤奋，则七八位兄弟都会以你做榜样。鸿儿来信太少，以后半个月要写一次禀帖。泽儿六月初三日禀帖也嫌太短了，以后写禀帖可以随意议论时事或学业。此谕。

涤生手示

（同治五年七月二十一日）

［评析］

自己身体日日衰老，自然不免劝诫家人保养自身。虽对幼子讲过养生五诀，此信要求除保养身体外还需勤劳。“家之兴衰，人之穷通，皆于勤惰卜之”，此语真可谓一针见血。

一百零二　谕纪泽纪鸿（作文以思路宏开为必发之品）

字谕纪泽、纪鸿：

接纪泽两禀,并纪鸿及瑞侄禀信、八股,两人气象俱光昌,有发达之概,惟思路未开。作文以思路宏开为必发之品。意义层出不穷,宏开之谓也。

余此次行役,始为酷热所困,中为风波所惊,旋为疾病所苦。此间赴周家口尚有三百余里,或可平安耳。

尔拟于《明史》看毕,重看《通鉴》,即可便看王船山之《读通鉴论》,尔或间作史论,或作咏史诗。惟有所作,则心自易入,史亦易熟,否则难记也。

早间所食之盐姜已完,近日设法寄至周家口。吾家妇女,须讲究作小菜,如腐乳、酱油、酱菜、好醋、倒笋之类,常常做些,寄与我吃。《内则》言事父母舅姑,以此为重。若外间买者,则不寄可也。

涤生手谕

(同治五年八月初三日)

[译文]

字谕纪泽、纪鸿:

接到纪泽两封信,以及纪鸿、瑞侄来信及八股文章。两人气象都显出光大昌明,有盛大兴旺的气概,只是思路还没有敞开,作文以思路宏大开阔的才算必定兴旺的作品。所谓意向层出不穷,说的就是宏大开阔。

我这次旅途,先为被酷热所困扰,中间为风波所惊恐,旋即又被疾病所苦。从这里到周家口还有三百多里路,或许可以平安了吧。

你准备把《明史》看过以后重看《通鉴》,可以的话看王船山的《读通鉴论》。你也可以偶尔写一些史论或咏史诗,正因为要写作,心思就容易进入,史事也容易熟悉,不这样也很难记忆。

早上吃的盐姜已完,近日设法寄些到周家口来,我家的女人要讲求制作小菜,比如腐乳、酱油、酱菜、好醋、倒笋之类。可常做一些寄给我吃。《内则》讲侍奉父母公婆,以这一项最重要。如果是从外间买的,则不寄也行。

涤生手谕

(同治五年八月初三日)

[评析]

此信对儿女都有所交代,儿子八股文已略有成绩,但尚需打开思路,追求宏大开阔。读史则需边读边写史论或咏史诗,这样心思就更容易进入,也有利于记忆。曾国藩对女儿持家要求甚严，希望她们能掌握制作小菜的方法，侍奉公婆。他想让女儿寄一些自制的小菜，若是外间买的就不用寄了，更可见对女儿要求之严。

一百零三　谕纪泽纪鸿（泽儿送全眷回湘）

字谕纪泽、纪鸿：

接尔等八月初十日禀，知鸿儿生男之喜。军事棘手、衰病焦灼之际，闻此大为喜慰。排行用濬、哲、文、明四字，此儿乳名濬一，书名应用广字派否？俟得沅叔回信，再取名也。

九月初十后，泽儿送全眷回湘，鸿儿可来周家口，侍奉左右。明年夏间，泽儿来营侍奉，换鸿儿回家乡试。

余病已全愈，惟不能用心。偶一用心，即有齿痛出汗等患。而摺片不肯假手于人，责望太重，万不能不用心也。

朱子《纲目》一书，有续修宋元及明合为一编者，白玉堂忠愍公有之，武汉买得出否？若有而字大明显者，可买一部带来。此谕。

涤生手示

（同治五年八月二十二日）

［译文］

字谕纪泽、纪鸿：

接到你们八月初十日信，得知鸿儿生了男孩的喜讯。军事难办，老病交加，焦虑之至，此时听到这个消息，感到极为喜悦、欣慰。排行应用濬、哲、文、明四字，这孩子乳名就叫濬一，学名是不是应该用广字排名？等接到沅叔回信时再取名。

九月初十以后，泽儿送全体家眷回湘乡，鸿儿可以到周口来侍奉在我左右。明年夏天，泽儿来大营侍奉我，替换鸿儿回家参加乡试。

我的病已经痊愈，只是不能用心思。稍一用心思，就有牙疼、出汗等毛病，而奏折、柬片等不肯让别人替我写。责任太重大，绝不能不用心。

朱子《通鉴纲目》一书，有把后人续修宋元及明朝部分合为一书，白玉堂忠慜公家有这书,武汉能买得到吗?如果有字大而清晰的本子,可以买一部带来。此谕。

涤生手示

(同治五年八月二十二日)

[评析]

军中事务繁忙,身体衰弱,又自觉责任重大,其压力可想而知。新添长孙,总算聊以为慰。此孙后起名曾广钧,十二岁即为诗,王闿运称之为"圣童"。二十三岁中进士,时为翰林院中最年轻者,因以诗取胜,有"翰林才子"之誉。梁启超亦将其誉为"诗界八贤"。

一百零四　谕纪泽纪鸿(所贵好而知其恶,恶而知其美)

字谕纪泽、纪鸿:

接泽儿八月十八日禀,具悉择期九月二十日还湘。十月二十四日四女喜事,诸务想办妥矣。凡衣服首饰百物,只可照大女、二女、三女之例,不可再加。

纪鸿于二十日送母之后,即可束装来营。自坐一轿,行李用小车,从人或车或马皆可,请沅叔派人送至罗山,余派人迎至罗山。

淮勇不足恃,余亦久闻此言,然物论悠悠,何足深信。所贵好而知其恶,恶而知其美。省三、琴轩均属有志之士,未可厚非。申夫好作识微之论,而实不能平心细察。余所见将才,杰出者极少,但有志气,即可予以美名而奖成之。

余病虽已愈,而难于用心,拟于十二日续假一月,十月奏请开缺。但须沅弟无非常之举,吾乃可徐行吾志耳,否则别有波折,又须虚与委蛇也。此谕。

(同治五年九月初九日)

[译文]

字谕纪泽、纪鸿:

接到泽儿八月十八日信，知道一切，定于九月二十日还湘。十月二十四日四女儿喜事，各种事务想必已经办妥。凡衣服首饰等物，只可依照大女、二女、三女之先例办，不可再增加。

纪鸿于二十日送母亲回乡后，即可来周家口军营。自己独坐一轿，行李用小车拉，随从人员或坐车或骑马均可。请你们沅叔派人送到罗山，我派人去罗山接。

淮军不可凭靠，我早就听说过。但众口评说，怎么可能全信，值得重视的是，对你所喜欢的人要能了解他的短处，对你所讨厌的人，要能发现他的长处。省三、琴轩都属于有大志之人，无可争议。申夫喜好评论别人的小毛病，却不善于细心观察人。我所看到的将才，杰出者很少，但只要他有志气，就可给予美名并帮他成才。

我的病虽然好了，但难以用心，准备于十二日续假一月，十月奏请圣上免去我的官职，但须你沅叔不做非常之举动，我才好慢慢实现我的志愿。要不然再出现波折，还得在此敷衍应付。此谕。

（同治五年九月初九日）

[评析]

从此信中我们即能一窥曾国藩的用人之道，“所贵好而知其恶，恶而知其美”，曾国藩能够全面地评价看待他人，不偏听一方或顽固保守，而是理性地看待他人身上的优点和缺点，重视人的志气，尽量助其成才。也正是由于他善于取人所长，才使得他身边聚集众多人才，帮助他成就大业。

一百零五　谕纪泽纪鸿（家中外须讲求莳蔬，内须讲求晒小菜）

字谕纪泽、纪鸿：

余病大致已好，惟不甚能用心。自度难任艰巨，已于十三日具片续假一月，将来请开各缺。纵不能离营调养，但求事权稍小，责任稍轻，即为至幸。欲求平捻功成，从容引退，殆恐不能，即求免于谤议，亦不能也。

捻匪窜过沙河、贾鲁河之北,不知已入鄂境否?若鸿儿尚未回湘,目下亦不必来周口,恐中途适与贼遇。

盐姜颇好,所作椿麸子、酝菜亦好。家中外须讲求莳蔬,内须讲求晒小菜。此足验人家之兴衰,不可忽也。此谕。

(同治五年九月十七日)

[译文]

字谕纪泽、纪鸿:

我的病大致上已经好了,只是不能很用心思。估计我自己难以承担如此艰巨的责任,我已于十二日作附片,请求再续一个月的假期,将来再请求辞去各项职务,纵然不能离开军营去调理养护,只求能够权限缩小一些,责任减轻一些,这就非常幸运了。想要等平定捻军大功告成的时候从容引退,恐怕是做不到了。就是想要免于毁谤,也是不可能的。

捻军渡过沙河、贾鲁河以北,不知已进入湖北境内了吗?如果鸿儿还没有回湘乡,眼下也不要来周口,恐怕途中会与敌人相遇。

盐姜相当好,家中做的椿麸子酝菜也好。家中男人要讲求种植蔬菜,女人要讲求腌晒小菜,这些方面适足以验证一家的兴盛与衰败,不能忽视。此谕。

(同治五年九月十七日)

[评析]

曾国藩此时已萌功成身退之意,纵然和身体不适有关,但更重要的是他懂得功高震主,懂得激流勇退。他主张"家中外须讲求莳蔬,内须讲求晒小菜",足见其治家之勤俭,家风之淳朴。

一百零六　谕纪泽(读古文诗文,惟当先认其貌,后观其神)

字谕纪泽儿:

二十四之喜事,不知由湘阴舟次而往乎?抑自省城发喜轿乎?

尔读李义山诗，于情韵既有所得，则将来于六朝文人诗文，亦必易于契合。凡大家、名家之作，必有一种面貌、一种神态，与他人迥不相同。譬之书家，羲、献、欧、虞、褚、李、颜、柳，一点一画，其面貌既截然不同，其神气亦全无似处。本朝张得天、何义门虽称书家，而未能尽变古人之貌，故必如刘石庵之貌异神异，乃可推为大家。诗文亦然，若非其貌其神迥绝群伦，不足以当大家之目。渠既迥绝群伦矣，而后人读之，不能辨识其貌，领取其神，是读者之见解未到，非作者之咎也。尔以后读古文古诗，惟当先认其貌，后观其神，久之自能分别蹊径。今人动指某人学某家，大抵多道听途说，扣槃扪烛之类，不足信也。君子贵于自知，不必随众口附和也。

余病已大愈，尚难用心，日内当奏请开缺。近作古文二首，亦尚入理，今冬或可再作数首。唐镜海先生没时，其世兄求作墓志，余已应允，久未动笔，并将节略失去，尔向唐家或贺世兄处（蔗农先生子，镜海丈婿也）索取行状节略寄来。罗山《文集》、《年谱》未带来营，亦向易芝生先生（渠求作碑甚切）索一部付来，以便作碑，一偿夙诺。

纪鸿初六日自黄安起程，日内应可到此。

涤生手示

（同治五年十月十一日）

［译文］

字谕纪泽儿：

二十四日的喜事，不知是从湘阴乘船前去呢，还是从长沙发出喜轿呢？

你读李义山（商隐）的诗，既然能对情韵方面有心得，那么将来必然容易对六朝文人的诗文融洽相合。凡是大家、名家的作品，一定有一种面貌、一种神态和别人完全不同。比如书法家王羲之、王献之、欧阳询、虞世南、褚遂良、李北海、颜真卿、柳公权，一点一画，面貌都截然不同，神气也完全没有相似之处，本朝的张得天、何义门虽然号称书法家，而没有能够完全改变古人的面貌。所以一定要像刘石庵那样，面貌、神态都与古人不同，才能被推为大家。诗文的道理也是一样的。如果面貌神态不能和常人截然不同，就没有资格享大家的名声。如果他的作品与别人风格不同，而后人读起来不能辨别认出他的面貌、领会他的神气，那是读者的见识理解还没有到那个境界，不是作者的问题。你以后读古文古诗，应该先去辨别作品的面貌,以后再去看神态,久而久之就能分清流派。今天人们动不动就指称某某人学某一家,这大抵都是道听途说、扣槃扪烛一类,不值得相信的。君子所贵在于自己的见解,不必附和众人的议论。

我的病已经大好,还难用心思,近日要上奏请求辞职。近来作古文两篇,也还合理,今年冬天也许还能再作几篇。唐镜海先生去世时,他儿子央求我作墓志,我已答应,但久久没有动笔,并且把事迹概略弄丢了。你向唐家或是贺贤侄(庶农先生之子,镜海大人的女婿),索取镜海先生生平事迹寄来。罗山《文集》、《年谱》没有带到大营来,也向易芝先生(他极恳切地要求我作碑文)要一部着人带来,以便作碑文,实现过去的诺言。

纪鸿已于初六日从黄安起程来此,这几天应该到了。其余不详说。

涤生手示

(同治五年十月十一日)

[评析]

在以前的信中,曾国藩建议儿子对古人诗文进行模仿,此信则把学习诗文提到了更高的境界,认为应辨别作品面貌,领会神气,对大家、名家的作品进行甄别,如此才能学到他人的精髓,使自己也开拓出新的天地。

一百零七　谕纪泽(拟令纪泽来营)

字谕纪泽:

余于十三日具疏请开各缺,并附片请注销爵秩。二十五日接奉批旨,再赏假一月,调理就痊,进京陛见一次,余拟于正月初旬起程进京。

鸿儿少不更事,欲令尔于十一月十五以后自家来营,随侍进京。尔近日身体强壮否?接尔复禀,果有起行来豫定期,余即令纪鸿由豫回湘。鸿抵湘乡过年,尔抵周口过年,中途可约于鄂署一会。

余近无他苦,惟腰疼畏寒,夜不成寐。群疑众谤之际,此心不无介介。然回思迩年行事,无甚差谬,自反而缩,不似丁冬、戊春之多悔多愁也。到京后,仍当具疏,请开各缺,惟以散员留营,维系军心,担荷稍轻。尔兄弟轮流侍奉，军务松时，请假回籍省墓一次，亦足以娱暮景。纪鸿在此体气甚好，心思亦似开朗，惜不能久侍，当令其回家事母耳。

再，尔体弱，今年行路太多，如自觉难吃辛苦，即不来侍奉进京，亦不强也(禀商尔母及澄叔议定回信)。若来，则带曾文煋来清检书籍。家中书籍，亦须请一人专为料理，否则伤湿伤虫，或在省城书贾中找之。

鸿儿言尔母欲将满女许徐氏，余嫌辈行不合，且诸女许宦家者多不称意，能在乡间许一富家亦好。明春到京，亦可于回都京官中求之也。

(同治五年十月二十六日)

[译文]

字谕纪泽：

我于十三日上书请求辞去各项职务，并于附片中注明请求辞去爵位。二十五日接到批旨，再赏给一个月假期，调理痊愈，进京陛见一次。我准备在正月上旬动身进京。

鸿儿年轻，阅历不多，我想让你十一月十五日以后自己到我大营来，随我进京去。你近来身体是不是强壮呢？接到你回信，有了起身来河南的确切日期，我就让纪鸿从河南回湖南。鸿儿到湘乡过年，你到周口过年，途中可以相约在湖北衙门相会。

我近来没有什么麻烦，就腰疼、畏惧风寒，夜间睡不好觉。现在众人疑忌、诽谤，心中不免不安，然而回想起来近年做事没什么差错，反躬自问，正义在我则一往无前，不像咸丰七年冬八年春那么多悔恨、忧愁了。到京师以后，仍然要上书请求辞去各项职衔，只以闲散人员身份留在大营，以维系人心，这样负担可以轻一些。你们兄弟轮流陪侍我身边，待军务松弛的时候，请假回原籍扫墓一次，也足以让老年人很欢乐了。纪鸿在我这里身体很好，心情似乎也开朗些，可惜不能待时间长一些，要让他回家侍奉母亲。

另外，你体质虚弱，今年里走的路又太多，如果自己觉得难以承受这份辛苦，就不要来随侍我进京了，不要勉强(和你母亲及澄叔商量好了回信)。如果来，就带曾文煋来清点书籍。家中的书籍也要请一个人专门料理，否则会遭水湿虫蛀。或者可以在省城书贾中找这样一个人。

鸿儿说你母亲想把满女许配给徐家。我嫌两人辈分不合，而且几位女儿嫁到做官人家的大多不是很合心意,所以能在乡间许给一富家子弟也是好的。明年春天到京师,也可以在回到京师做京官的人家当中寻找物色。

(同治五年十月二十六日)

[评析]

曾国藩疾病缠身,身负重任,再加上军务繁杂,众人疑忌,心中自然沉重异常。但"君子坦荡荡,小人常戚戚",曾国藩自觉无甚差谬,所以心境稍有放松。曾国藩的小女儿曾纪芬最后嫁给了主持洋务的聂缉椝,生活美满,其三子聂云台是我国创办第一家纺织机械制造厂的先驱者,也是民国最富盛名的企业家之一,影响重大。

一百零八　谕纪泽(辞官亦在营中维系军心)

字谕纪泽:

二十六日寄去一信,令尔于腊月来营,侍余正月进京。继又念尔体气素弱,甫经到家,又行由豫入都,驰驱太劳。且余在京,不过半月两旬,尔不随侍,亦无大损,而富圫新造家室,尔不在家,即有所损。兹再寄一信,止尔之行,尔仍居家侍母,经营一切,腊月不必来营,免余惦念。

余定于正初北上,顷已附片复奏,届时鸿儿随行。二月回豫,鸿儿三月可还湘也。余决计此后不复作官,亦不作回籍安逸之想,但在营中照料杂事,维系军心。不居大位享大名,或可免于大祸大谤,若小小凶咎,则亦听之而已。

余近日身体颇健,鸿儿亦发胖。家中兴衰,全系乎内政之整散。尔母率二妇、诸女,于酒食、纺绩二事,断不可不常常勤习。目下官虽无恙,须时时作罢官衰替之想,至嘱,至嘱!

涤生手示

(同治五年十一月初三日)

[译文]

字谕纪泽:

二十六日给你寄去一信,令你腊月到大营来,随侍我正月间进京师。继而又想到你一向体弱,刚刚到家,又要经河南入京都,奔走驱驰,过于劳累。而且我在京都不过半个月、二十天的光景,你不陪我前去也没有大碍。而富圫新造房屋,你如不在家,就会有损坏。现在再寄一信阻止你出行。你还是待在家里侍奉母亲,照料各方面。腊月间不必再来大营,免得又让我惦念。

我定于正月初北上,日前已用附片回奏,抄寄一阅。到时鸿儿随我前去。二月间回河南,鸿儿三月间可以回湖南。我已决心以后不再做官,也不想回原籍去享受安逸,只在大营中处理杂务,维系军心。不居高位,不享大名。或许可以避免大灾祸,避免严厉毁谤。如果是小小不吉,小小灾祸之类,也就随它去了。

我近日来身体相当健康,鸿儿也发胖了。家中兴盛或衰败,完全取决于内政的整齐或闲散。你母亲率二位儿媳、女儿们,对酒食、纺绩这两件事,绝不能不常常勤奋操习。眼下官运虽然没有问题,也要时时做罢官、衰落的思想准备。至嘱,至嘱!

涤生手示

(同治五年十一月初三日)

[评析]

父亲远赴京师,却担忧儿子旅途过于劳累,故特意又去此信,阻止儿子出行,父爱之深,可感可敬。曾国藩立志功成身退,因此毫不贪恋权位,上书减少权力,去除官职。但又自知身负重任,不愿因一己之私置国家于不顾,所以还是坚持在大营中处理杂务,维系军心,鞠躬尽瘁,死而后已,由此可见。

一百零九　谕纪泽(胆怯需善晓酣眠)

字谕纪泽:

自接尔十月初九日一禀,久无续音。不知二十四日果办喜事否?全家已抵富圫否?

此间军事,东股任、赖窜入光、固,贼势已衰,西股张总愚久踞秦中华阴一带,余派春霆往援,大约腊初可以成行。霞仙迫不及待,寄来一信，峻辞诃责，甚至以杨嗣昌比我。余不能堪，此后亦不复与通信矣。

十七日复奏不能回江督本任一摺，刻木质关防留营自效一片，兹钞寄家中一阅。若果能开去各缺，不过留营一年，或可请假省墓。但平日虽有谗谤之言，亦不乏誉颂之人，未必果准悉开诸缺耳。

纪鸿在此体气甚好，月余未令作文，听其潇洒闲适，一畅天机，腊月当令与叶甥开课作文。尔胆怯等症，由于阴亏，朱子所谓"气清者魄恒弱"，若能善晓酣眠，则此症自去矣。

涤生手示

（同治五年十一月十八日）

［译文］

字谕纪泽：

自从接到十月初九日禀帖一件以后，很久没有接到你的来信。不知二十四日是不是真的办了喜事？全家都到富圫了吗？

此间军情，捻军东路任、赖部流窜到光州、固始，敌人势头已经衰落。西路张宗禹长时间盘踞陕西华阴一带，我派春霆前去援助陕西，大约腊月初可以出发。霞仙那里急迫得不容等待，寄来一信，措辞严厉，指责一番，甚至拿我比杨嗣昌，我不能承受，以后也不再跟他通信了。

十七日复奏不能再回两江总督本任的奏折一道，刻一木头印，留在军中效力的附片一道，现抄寄家中一阅。日前曾有一信让你来大营随侍我进京师，其后又有三封信让你不要来了，我想都已接到。如果真能辞去各项职衔，不过营中一年，或许就能请假回家扫墓。但平日里虽然有诽谤之言，也不乏称誉赞颂之人，未必真能批准全部辞去各项职务。

纪鸿在我这里身体很好，一个多月没有让他做文章，听任他潇洒闲适，敞开他天赋的聪明悟性。腊月间要让他和叶外甥开课作文了。你的体弱等症状是由于阴亏，就是朱熹所说气息清凉的人总是体质虚弱。如果能够酣睡，则你这些症状自然就消除了。

涤生手示

（同治五年十一月十八日）

［评析］

因公务和同僚不和，曾国藩即不愿再与之通信，其性格也有如此可爱的一面。之所以把这件事告诉纪泽，是因为这位同僚正是纪泽的岳父。两家既结秦晋之好，耍过脾气后自然很快就会和好如初，曾国藩和刘蓉果然不久就言归于好。

曾国藩训练纪鸿和纪泽又是不同，他放开纪鸿的天性让他一畅天机，而后让其自然想念读书，主动学习，这也是他教子的另一妙计。

一百一十一　谕纪泽（不可敬远亲而慢近邻）

字谕纪泽：

此间军事，任、赖由固始窜至鄂境，该逆不得逞志于鄂，势必仍回河南。张逆入秦，已奏派春霆援秦，本月当可起程。惟该逆有至汉中过年，明春人蜀之说，不知鲍军赶得及否。

本日摺差回营，十三日又有满御史参劾，奉有明发谕旨，兹钞回一阅。余拟再具数疏婉辞，必期尽开各缺而后已。将来或再奉入觐之旨，亦未可知。尔在家料理家政，不复召尔来营随侍矣。

李申夫之母尝有二语云，"有钱有酒款远亲，火烧盗抢喊四邻"，戒富贵之家不可敬远亲而慢近邻也。我家初移富圫，不可轻慢近邻，酒饭宜松，礼貌宜恭。或另请一人款待宾客亦可。除不管闲事，不帮官司外，有可行方便之处，亦无吝也。此谕。

涤生手示

（同治五年十一月二十八日）

［译文］

字谕纪泽：

这边的军情，任、赖从固始逃窜到湖北境内，此贼军在湖北如果不得志，势必仍然回到河南。张逆进入陕西一带，已奏派遣鲍春霆去支援，本月应当可以起程。唯此逆军有到汉中过年，明年春天入蜀的打算，不知鲍军能否赶得及。

今天摺差回营，十三日又有满御史参劾，奉有明发谕旨，兹抄回一阅。我打算再准备几个婉转之辞的奏书，期望尽快开各缺而后已。将来或许再奉朝谒皇上之旨，也未可知。你在家料理家政，不再让你来营随侍了。

李申夫的母亲曾经说过两句话："有钱有酒款远亲，火烧盗抢喊四邻"，告诫富贵之家不可只敬远亲而怠慢近邻。我家刚搬到富圫，不可慢怠近邻，酒饭宜松，礼貌宜恭敬。或者另请一人款待宾客也行。除了不管闲事，不帮别人打官司之外，其他有可行方便之处，也不要吝啬。此谕。

涤生手示

（同治五年十一月二十八日）

[评析]

大凡富贵之家往往对贫贱之邻十分怠慢，也因而失去了口碑与人缘，此种处世之道不可取。所以曾国藩教导儿子要善等四邻，正所谓“远亲不如近邻”。只要不去随便管闲事，不帮官司，其他就尽可能地帮助邻居，如此对己对人都有好处，这才是仕宦之家的处世之道。

一百一十一　致欧阳夫人（夫人要以诚待小叔）

欧阳夫人左右：

接纪泽儿各禀，知全眷平安抵家，夫人体气康健，至以为慰。

余自八月以后，屡疏请告假开缺，幸蒙圣恩准交卸钦差大臣关防，尚令回江督本任。余病难于见客，难于阅文，不能复胜江督繁剧之任，仍当再三疏辞。但受恩深重，不忍遽请离营，即在周口养病。少泉接办，如军务日有起色，余明年或可回籍省墓一次，若久享山林之福，则恐不能。然办捻无功，钦差交出，而恩眷仍不甚衰，已大幸矣。

家中遇祭，酒菜必须夫人率妇女亲自经手。祭祀之器皿，另作一箱收之，平日不可动用。内而纺绩、做小菜，外而蔬菜、养鱼，款待人客，夫人均须留心。吾夫妇居心行事，各房及子孙皆依以为榜样，不可不劳苦，不可不谨慎。

近在京买参，每两去银二十五金，不知好否，兹寄一两与夫人服之。

澄叔待兄与嫂极诚极敬，我夫妇宜以诚敬待之，大小事丝毫不可瞒他，自然愈久愈亲。此问近好。

（同治五年十二月初一日）

［译文］

欧阳夫人左右：

接到纪泽儿的信，得知你们全都安全到家，夫人体气康健，甚感欣慰。

我自八月以后，屡次上书请求告假开缺，所幸承蒙圣恩允许我交卸钦差大臣关防，但还命令回江督原任。我有病难于见客，难于阅读文章，不能再胜任江督的繁忙之务，仍然要再三上书请辞。但受恩深重，不忍心那么快请求离营，就在周口养病。少泉接管办理，如果军务有所起色，我明年或许可以回乡省墓一次，至于长久享受山林的平静生活，那恐怕是不可能的。然而剿办捻军无功，钦差交出，而皇恩仍不减退，已是大幸了。

家中如有祭祀之事，酒菜必须由夫人率领妇女亲自操办。祭祀的器具，另外用箱子装好，平时不能乱动。在内纺绩、做小菜，在外种蔬菜、养鱼，款待人客，夫人均须留心。我们夫妇为人行事，各房兄弟和子孙都以为榜样，不可不劳苦，不可不谨慎。

最近在京城买人参，每两花费银子二十五金，不知是否好，现寄回一两与夫人服用。

澄叔对待兄长与嫂子极为诚恳尊敬，我们夫妇也要以诚对待他，大事小事都丝豪不要瞒他，自然时间越长就越亲近了。此问近好。

（同治五年十二月初一日）

［评析］

自古夫为妇纲，但丈夫不在家，那夫人就要当家做主了。曾国藩是家中长子，夫长是家中长嫂，众多家人都看着他们行事，所以一定要更加自律。“吾夫妇居心行事，各房及子孙皆依以为榜样，不可不劳苦，不可不谨慎”，曾国藩这番话读来让人感叹，又让人敬佩。此外，曾国藩又告诫夫人要以诚对待兄弟，如此方可举家和睦，曾氏的治家之法，确实值得学习！

一百一十二　谕纪泽（读书乃寒士本业，切不可有官家风味）

字谕纪泽儿：

余自奉回两江本任之命，十七、初三日两次具疏坚辞，皆未俞允，训词肫挚，只得遵旨暂回徐州，接受关防，令少泉得以迅赴前敌，以慰宸廑。余自揣精力日衰，不能多阅文牍，而意中所欲看之书，又不肯全行割弃，是以决计不为疆吏，不居要任。两三月内，必再专疏恳辞。

朱金权利令智昏，不耐久坐，余在徐州已深知之。今年既请彭芳六照管书籍、款接人客，应将朱金权辞绝之，并请澄叔专信辞谢，乃有凭据。

余近作书箱，大小如何廉昉八箱之式。前后用横板三块，如吾乡仓门板之式，四方上下，皆有方木为柱为匡，预底及两头用板装之。出门则以绳络之而可挑，在家则以架乘之而可累两箱、三箱、四箱不等。开前仓板则可作柜，再开后仓板则可过风。当作一小者送回，以为式样。吾县木作最好而贱，尔可照样作数十箱，每箱不过费钱数百文。读书乃寒士本业，切不可有官家风味。吾于书箱及文房器具，但求为寒士所能备者，不求珍异也。家中新居富托，一切须存此意，莫作代代做官之想，须作代代做士民之想。门外挂匾，不可写"侯府"、"相府"字样。天下多难，此等均未必可靠，但挂"宫太保第"一匾而已。

吾明年正月初赴徐，纪鸿随往。二月半后天暖，令鸿儿坐炮船至扬州，搭轮船至汉口，三月必可到家。郭婿读书何如？详写告我。此信呈澄叔一阅。

涤生手示

（同治五年十二月二十三日）

［译文］

字谕纪泽儿：

我自从接到两江总督的本任之命，十七、初三两次上书坚决推辞，都没被允许，训词十分诚挚，我只得遵旨暂时回徐州，接受关防，让少泉得以迅速赶赴前敌，以安慰皇帝的挂念。我自感精力逐渐衰退，不能多阅读文牍，而原本打算要看的书，又不肯全部放弃，所以决计不为封疆大吏，不居重要职位。两三个月内，必定再上书恳辞。

朱金权利令智昏，不耐于久坐，我在徐州就已深知。今年既然请彭芳六照管书籍，款接客人，应当将朱金权辞掉，并请澄叔专门写信辞谢，乃有凭据。

我最近制作书箱，大小就像何廉昉的八箱样式。前后用横板三块，就像我们乡下的仓门板的样式，四方上下，都有方木为柱为匡，预底和两头用板装之。出门则用绳捆系好就可挑走，在家则用架子装乘可以累积放两箱、三箱、四箱不等。打开前仓板可以做柜子，再打开后仓板则可以通风。做好一个小型的送回去，作为样式。我们县的木工技艺最好而且要价低，你可照样作数十箱，每箱不过用钱数百文。读书是书生的本业，万不可有官家的风气。我对于书箱和文房器具，只求为书生所能备者，不求珍异也。家中刚刚居住在富圫，一切须以此意为本，不要有代代做官的念想，须有代代做士民的念想。门外所挂匾额，不可写"侯府"、"相府"字样。天下多难，这些都未必可靠，只挂"宫太保第"一个匾就行了。

我明年正月初去徐州，纪鸿随我一起。二月中旬之后天气变暖，让鸿儿坐炮船到歌扬州，搭轮船到汉口，三月必定可到家。郭婿读书怎么样？详细写来告诉我。此信呈送给澄叔一读。

涤生手示

（同治五年十二月二十三日）

［评析］

曾国藩虽贵为封疆大吏，但内心深处还是想做一位学者，有充足的时间读书作文。他认为王侯将相不过都是一时云烟，不可眷恋。并告诫家人"读书乃寒士本业，切不可有官家风味"，又说"莫作代代做官之想，须作代代做士民之想"，认为只有读书才可以传家，才可以长久。这是久经官场之人的切身体会，也是看透世事的智者之言，后人应当谨记。

一百一十三　谕纪泽
（试研究陶、杜、陆诗，但不可走入孤僻之路）

字谕纪泽：

纪鸿病，请一医来诊，鸿儿乃天花痘喜也，余深用忧骇。以痘太密厚，年太长大，而所服之药，无一不误，阖署惶恐失措。幸托痘神佑助，此三日内转危为安。兹将日记由鄂转寄家中，稍为一慰。再过三日灌浆，续行寄信回湘也。

尔七律十五首，圆适深稳，步趋义山，而劲气倔犟处颇似山谷。尔于情韵、趣味二者，皆由天分中得之。凡诗文趣味，约有二种：一曰诙诡之趣，一曰闲适之趣。诙诡之趣，惟庄、柳之文，苏、黄之诗，韩公诗文，皆极诙诡，此外实不多见；闲适之趣，文惟柳子厚游记近之，诗则韦、孟、白傅均极闲适。而余所好者，尤在陶之五古、杜之五律、陆之七绝，以为人生具此高淡襟怀，虽南面王不以易其乐也。尔胸怀颇雅淡，试将此三人之诗研究一番，但不可走入孤僻一路耳。

余近日平安，告尔母及澄叔知之。

（同治六年三月二十二日）

［译文］

字谕纪泽：

纪鸿生病，请一位医生来诊治，鸿儿是出天花，我十分担忧。因为水痘太密厚，年龄太大，而且所服用的药，无一不误，整个署衙都惶恐失措。幸好托痘神保佑，这三日内转危为安。现将日记由湖北转寄到家中，稍为安慰。再过三日灌浆，会接着寄信回湘的。

你的七律十五首，圆适深稳，效仿李义山（李商隐），而劲气倔犟之处十分像黄山谷（黄庭坚）。你于情韵、趣味二者，皆是天分中所得。大凡诗文趣味，约有两种：一是诙诡之趣，一是闲适之趣。诙诡之趣，唯庄子、柳宗元之文，苏轼、黄庭坚之诗，韩公诗文，皆极诙诡，此外实不多见；闲适之趣，文只有柳子厚（宗元）的游记之文近之，诗则韦应物、孟浩然、白居易均极闲适。而我所喜好的，尤其是陶渊明的五古、杜甫的五律、陆游的七绝，以为人生具有如此高淡襟怀，就算让我南面称王，我也不愿交换诗文所带来的乐趣。你胸怀颇淡雅，试将这三人的诗研究一番，但不可以走入孤僻的路子。

我近日平安，告诉你母亲和澄叔。

（同治六年三月二十二日）

［评析］

曾国藩曾经在家信中说过自己有“三不信”，其中就有不信巫神，可一旦儿子患病，竟然也信起神来了，说“幸托痘神佑”，可见曾国藩爱子心切，也宁愿相信神仙会保佑儿子。

曾国藩是一位十分博学之人，对于诗文有很高的鉴赏力，看他评历代诗文大家之作，皆十分精到。又说纪泽之诗与李商隐、黄庭坚相似，可见对纪泽的诗文十分满意。但也没有过度夸奖，反而要纪泽将前人诗作仔细研究，以免走入孤僻之路，这种希望儿子更加完美的心情是十分感人的。

一百一十四　谕纪泽(尔辈少年，不可妄生意气)

字谕纪泽：

鸿儿出痘，余两次详信告知家中，此六日尤为平顺。兹钞六日日记寄沅叔转寄湘乡，俾全家放心。余忧患之余，每闻危险之事，寸心如沸汤浇灼。鸿儿病痊后，又以鄂省贼久踞臼口、天门，春霆病势甚重，焦虑之至！

尔信中述左帅密劾次青，又与鸿儿信言闽中谣歌之事，恐均不确。余闻少泉言及闽绅公禀留左帅，幼丹实不与闻，特因官阶最大，列渠首衔。左帅奏请幼丹督办轮船厂务，幼已坚辞，见诸廷寄矣。余于左、沈二公之以怨报德，此中诚不能无芥蒂，然老年笃畏天命，力求克去褊心忮心，尔辈少年，尤不宜妄生意气，于二公但不通闻问而已，此外着不得丝毫意见，切记，切记！

尔禀气太清，清则易柔，惟志趣高坚，则可变柔为刚；清则易刻，惟襟怀闲远，则可化刻为厚。余字汝曰劼刚，恐其稍涉柔弱也。教汝读书须具大量，看陆诗以导闲适之抱，恐其稍涉刻薄也。尔天性淡于荣利，再从此二事用功，则终身受用不尽矣。

（同治六年三月二十八日）

［译文］

字谕纪泽：

鸿儿出水痘,我两次在信中详细告诉了家中,这六日尤其平顺。现抄六日日记寄给沅叔然后转寄湘乡,以使全家放心。我忧患余生,每当听到危险之事,内心好比沸汤浇灼。鸿儿病痊愈后,又因为湖北省贼军长久盘踞在白口、天门,而春霆病势十分严重,十分焦虑!

你信中说左帅秘密弹劾次青(李元度),又与鸿儿信中说闽中的谣歌之事,恐怕均不确实。我听少泉说起闽中绅公禀留左帅,幼丹(沈葆桢)实不与闻,只因官阶最大,列为首衔。左帅奏请幼丹督办轮船厂务,幼丹已经坚决推辞,已见之于廷寄谕旨了。我对于左宗棠、沈葆桢二人的忘恩负义,心中实在是不能没有怨恨与不快,然而老年实畏天命,力求远离心胸狭窄和忌恨之心,你辈年少,尤其不宜乱生意气,于他们二人只要不互通音信罢了,此外不能有丝毫意见,切记,切记!

你生性太清,清则容易柔弱,只有志趣高坚,才可变柔弱为刚强;清则容易刻薄,只有襟怀宽大,才可化刻薄为宽厚。我为你起字为劼刚,就是担心你会变得柔弱。教导你读书要有大量,看陆诗以培养闲适之怀抱,就是担心你变得刻薄。你天性淡薄于荣华利禄,再于此二事上用功,那么就会终身受用不尽了。

(同治六年三月二十八日)

[评析]

曾国藩对于左宗棠和沈葆桢的忘恩,实为怨恨,但又说为人不易心胸狭窄,尤其是年少之人,万不能意气用事!以此教导后辈,可以看出其用心良苦。信中又教导纪泽做人不可柔弱,也不可刻薄,要培养闲适胸怀,变得宽厚,如此会受用终身。曾国藩不仅在学问上教导后辈,在修身方面也是时有教诲之言,如此父亲,让人敬佩!

一百一十五　致欧阳夫人
(启官不过偶然之事,居家乃是长久之计)

欧阳夫人左右:

自余回金陵后,诸事顺遂,惟天气亢旱,虽四月二十四、五月初三日两次甘雨,稻田尚不能栽插,深以为虑。

科一出痘,非常危险,幸祖宗神灵庇佑,现已全愈,发体变一结实模样。十五日满两个月后,即当遣之回家,计六月中旬可以抵湘。如体气日旺,七月中旬赴省乡试可也。

余精力日衰,总难多见人客。算命者常言十一月交癸运,即不吉利。余亦不愿久居此官,不欲再接家眷东来。夫人率儿妇辈在家,须事事立个一定章程。居官不过偶然之事,居家乃是长久之计。能从勤俭耕读上做出好规模,虽一旦罢官,尚不失为兴旺气象。若贪图衙门之热闹,不立家乡之基业,则罢官之后,便觉气象萧索。凡有盛必有衰,不可不预为之计。望夫人教训儿孙妇女,常常作家中无官之想,时时有谦恭省俭之意,则福泽悠久,余心大慰矣。

余身体安好如常,惟眼蒙日甚,说话多则舌头蹇涩,左牙疼甚,而不甚动摇,不至遽脱,堪以告慰。顺问近好。

(同治六年五月初五日午刻)

[译文]

欧阳夫人左右:

自从我回到金陵以后,凡事顺心。只是天气干旱,尽管四月二十四日、五月三日两次下雨,可稻田插秧还是很困难,我十分担忧。

科一(曾纪鸿)出天花,病情相当危险,多亏祖宗神灵护佑,如今已经痊愈了,长胖成一副壮实的样子。等到十五日满两个月后,就把他送回家去。算来六月中旬就能够抵达湖南了。如果体质日益健壮,七月中旬就能够到省城参加乡试了。

我精力日渐衰弱,会见客人多了就疲乏。算命先生说我十一月交癸运,就是不吉利。我也不想长久地做这个官,不想再把全家都接到金陵来。夫人带着儿子、儿媳住在家里,必须每件事都立个规矩。做官不过是暂时的事,住在家里才是长久的事,能在勤俭耕田、勤奋读书上开创一个好局面,即便哪天罢了官,还是一番兴盛的景象。倘若贪图衙门里的热闹,不立下家乡的基业,那么罢官之后就会觉得景象萧条了。凡有盛必有衰,不可不事先做个准备。希望夫人教育儿孙、晚辈,要当家里没人做官,时时有谦让、恭敬、节俭的想法,那么就会给后代带来永久的幸福,那样我心里就很欣慰了。

我身体还像往常一样健康,只是眼睛迷蒙得更加厉害,说话一多就觉得舌头干涩,左边牙很疼,不过不太活动,不会立刻掉下来,还算给我一点儿安慰。随信问候,希望一切安好。

(同治六年五月初五日午刻)

[评析]

曾国藩晚年更加注重治家,认为"居官不过偶然之事,居家乃是长久之计",明白此,我们就更理解他要求家中男子懂得耕种养殖,女子懂得纺织酒食的原因。曾国藩一生讲究谦让、勤俭,这也是他希望后人继承的曾氏家风。曾家后代人才辈出,与曾国藩的言传身教和严格家训不无关系。

一百一十六　遗嘱(戒忮戒奢,勤俭孝友)

[原件无称呼]余即日前赴天津,查办殴毙洋人、焚毁教堂一案。外国性情凶悍,津民习气浮嚣,俱难和协。将来构怨兴兵,恐致激成大变。余此行反复筹思,殊无良策。余自咸丰三年募勇以来,即自誓效命疆场,今老年病躯,危难之际,断不肯吝于一死,以自负其初心。恐邂逅及难,而尔等诸事无所禀承,兹略示一二,以备不虞。

余若长逝,灵柩自以由运河搬回江南归湘为便,中间虽有临清至张秋一节须改陆路,较之全行陆路者差易。去年由海船送来之书籍、木器等过于繁重,断不可全行带回,须细心分别去留。可送者分送,可毁者焚毁,其必不可弃者乃行带归,毋贪琐物而花途费。其在保定自制之木器,全行分送。沿途谢绝一切,概不收礼,但水陆略求兵勇护送而已。

余历年奏摺,令夏吏择要钞录,今已钞一多半,自须全行择钞。钞毕后存之家中,留于子孙观览,不可发刻送人,以其间可存者绝少也。

余所作古文,黎莼斋钞录颇多,顷渠已照钞一分寄余处存稿。此外黎所未钞之文,寥寥无几,尤不可发刻送人。不特篇帙太少,且少壮不克努力,志亢而才不足以副之,刻出适以彰其陋耳。如有知旧劝刻余集者,婉言谢之可也,切嘱,切嘱!

余生平略涉儒先之书，见圣贤教人修身，千言万语，而要以不忮不求为重。忮者，嫉贤害能，妒功争宠，所谓“怠者不能修，忌者畏人修”之类也。求者，贪利贪名，怀土怀惠，所谓“未得患得，既得患失”之类也。忮不常见，每发露于名业相侔、势位相埒之人；求不常见，每发露于货财相接、仕进相妨之际。将欲造福，先去忮心，所谓“人能充无欲害人之心，而仁不可胜用”也。将欲立品，先去求心，所谓“人能充无穿窬之心，而义不可胜用”也。忮不去，满怀皆是荆棘；求不去，满腔日即卑污。余于此二者常加克治，恨尚未能扫除净尽。尔等欲心地干净，宜于此二者痛下工夫，并愿子孙世世戒之。附作《忮求诗》二首录后。

历览有国有家之兴，皆由克勤克俭所致，其衰也则反是。余生平亦颇以“勤”字自励，而实不能勤，故读书无手钞之册，居官无可存之牍。生平亦好以“俭”字教人，而自问实不能俭。今署中内外服役之人，厨房日用之数，亦云奢矣。其故由于前在军营，规模宏阔，相沿未改，近因多病，医药之资，漫无限制。自俭入奢，易于下水，由奢反俭，难于登天。在两江交卸时尚存养廉二万金。在余初意，不料有此，然似此放手用去，转瞬即已立尽。尔辈以后居家，须学陆梭山之法，每月用银若干两，限一成数，另封秤出。本月用毕，只准赢余，不准亏欠。衙门奢侈之习，不能不彻底痛改。余初带兵之时，立志不取军营之钱以自肥其私，今日差幸不负始愿。然亦不愿子孙过于贫困，低颜求人。惟在尔辈力崇俭德，善持其后而已。

孝友为家庭之祥瑞。凡所称因果报应，他事或不尽验，独孝友则立获吉庆，反是则立获殃祸，无不验者。吾早岁久宦京师，于孝养之道多疏，后来展转兵间，多获诸弟之助，而吾毫无裨益于诸弟。余兄弟姊妹各家，均有田宅之安，大抵皆九弟扶助之力。我身殁之后，尔等事两叔如父，事叔母如母，视堂兄弟如手足。凡事皆从省啬，独待诸叔之家则处处从厚，待堂兄弟以德业相劝、过失相规，期于彼此有成，为第一要义。其次则亲之欲其贵，爱之欲其富，常常以吉祥善事代诸昆季默为祷祝，自当神人共钦。温甫、季洪两弟之死，余内省觉有惭德。澄侯、沅甫两弟渐老，余此生不审能否相见。尔辈若能从“孝友”二字切实讲求，亦足为我弥缝缺憾耳。

附忮求诗二首

善莫大于恕，德莫凶于妒。
妒者妾妇行，琐琐奚比数。
己拙忌人能，己塞忌人遇。
己若无事功，忌人得成务。
己若无党援，忌人得多助。
势位苟相敌，畏逼又相恶。
己无好闻望，忌人文名著。
己无贤子孙，忌人后嗣裕。
争名日夜奔，争利东西骛。
但期一身荣，不惜他人污。
闻灾或欣幸，闻祸或悦豫。
问渠何以然？不自知其故。
尔室神来格，高明鬼所顾。
天道常好还，嫉人还自误。
幽明丛诟忌，乖气相回互。
重者灾汝躬，轻亦减汝祚。
我今告后生，悚然大觉寤。
终身让人道，曾不失寸步。
终身祝人善，曾不损尺布。
消除嫉妒心，普天零甘露。
家家获吉祥，我亦无恐怖。
（右不忮）
知足天地宽，贪得宇宙隘。
岂无过人姿，多欲为患害。

在约每思丰，居困常求泰。
富求千乘车，贵求万钉带。
未得求速偿，既得求勿坏。
芬馨比椒兰，磐固方泰岱。
求荣不知餍，志亢神愈忲。
岁燠有时寒，日明有时晦。
时来多善缘，运去生灾怪。
诸福不可期，百殃纷来会。
片言动招尤，举足便有碍。
戚戚抱殷忧，精爽日凋瘵。
矫首望八荒，乾坤一何大。
安荣无遽欣，患难无遽憝。
君看十人中，八九无倚赖。
人穷多过我，我穷犹可耐。
而况处夷途，奚事生嗟忾？
于世少所求，俯仰有余快。
俟命堪终古，曾不愿乎外。
（右不求）

（同治九年六月初四日）

［译文］

［原件无称呼］我即日前去天津，查办殴打杀死洋人、焚毁教堂的案件。外国人脾性凶悍，天津人的习气又浮躁、嚣张，都难以协调。将来造成大怨恨而动兵，恐怕会引发更大的变故。我对此行前去反复思考，没有什么好的方法。我从咸丰三年招募兵士以来，就已发誓效命于疆场，而今年多病，但危难之时，断不能贪生怕死，有负最开始的心愿。唯恐遭遇不测，而对你们的许多事还没有托付，现指示一二，以防备意外。

倘若我死了，灵柩以从运河搬回江南家乡较为方便。中间尽管有临清到张秋一段要改为陆路，但与全走陆路相比较容易些。去年由海船送来的书籍、木器等过于繁重，不要全都带回，需要细心分类决定去存。可送人的就分送出去，可以毁掉的就烧毁，那些不能丢舍的，就带回去，不要由于贪图琐碎的物件而花很多路费。那些在保定自制的木器全都分别送人。沿途要谢绝一切，一律不收礼，只是路上稍求兵士们护送而已。

我这些年的奏折，令夏吏选重要的抄录，现已抄了一多半，自然要抄录完毕。抄完后存放在家中，留给子孙看阅，不能刻印送人，这里面可留存的很少。

我所作的古文，黎莼斋抄录的很多，他不久前已照抄一份，寄给我作为存稿，此外黎莼斋没有抄的也没几篇了，更不能刻印送人；不只是篇帙太小，而且少壮时不够努力，志向远大而才能不相配，刻出恰好显露出它的缺点。如果有知旧情的人劝说要刻印我的集子，可以婉言谢绝。切记，切记！

我生平略涉儒家先人的书籍，见到圣贤教人修身养性，千言万语，都只以不嫉妒不奢求为重。忮者，嫉贤忌能，妒功争宠，所谓怠者不能修身，忌者怕人修身就是这类。求者，贪利贪名，想着领地想着惠泽，所说的没得到的想得到，得到了又怕失去就是这类的。嫉妒不常见到，一般见于名望差不多、势力地位相等的人之中；奢求不常见，一般见于货物钱财交换、仕进相妨碍的时候。要想造福，先要去掉嫉妒之心，所谓人能充满没有害人欲望的心，而仁义就用之不尽了。要想树立品德，先要戒奢求之心，所谓人能充满没有名利的心，而义就用之不尽了。嫉妒不去除，满心都是荆棘；奢求不去除，满腔都是卑污。我在这两方面时常加以抑制，只恨还没有完全清除干净。你们要心地干净，应该在这两方面痛下苦功，并要子孙后代以它作为警戒。附作《忮求诗》二首录后。

纵观国家、家庭的兴盛，都是由于勤劳节俭而成的，它的衰败，则正好相反。我生平也一直以勤字自勉，但事实上却不能做到勤，因此读书没有手抄本，做官没有可存的文书。生平也常以俭字教人，但自问事实上也没有做到俭。目前署衙内外服役的人，厨房所用物品的数量，也可以说是奢侈了。其理由是因为以前在军营，规模很大，延续下来没有改，最近又多病，用于医药的钱也没有限定。从俭朴到奢侈犹如顺流而下般容易，而由奢侈返回到俭朴则比登天还难。在两江总督交卸时，还存着养廉二万金。我最初没有想到会有这笔钱，于是就放手用去，不久就用光了。你们今后治家，要学陆梭山的办法，每月用多少两银子，规定一个数，另外的称出封存。本月的用完，只能有余，不能亏欠。衙门奢侈的习气，一定要彻底更改。我最初带兵的时候，立志不用军营的钱来肥私，现在庆幸没有辜负最初的心愿。但也不希望子孙过于穷困，低头求人。只要你们努力崇尚俭朴的品德，好好坚持就行了。

孝敬和友爱是处理好家庭内部关系的基础，是家庭和睦祥瑞的体现，是家庭能兴旺发达的根本。人们常说的因果报应，在其他事情上未必全部能应验，只有在只要孝悌友爱就立即获得吉庆，不孝悌友爱就立即招来灾祸这个问题上，没有不应验的。我早年在京师做官很久，在孝顺养家之道上多有疏忽，后来又辗转于军中，获得弟弟们的帮助，而我却没有给弟弟们任何帮助。我兄弟姐妹各家，都有田宅以安家，大抵都是沅叔出力扶持的。我死之后，你们要待两个叔叔像对待父亲一样，对待叔母像对待母亲一样，对待堂兄如同亲兄弟。凡事都要节省，唯独对几位叔叔家要处处厚待，对待堂兄弟用品德、功业相勉励，过错失误要相互告诫，希望在这方面彼此能有所成就，这是最重要的。其次亲近他就希望他富贵，爱他就希望他富有，经常用吉祥的好事为各位弟弟默默地祈祷祝福，自然会得到神和人的一致敬重。温甫、季洪两兄弟的死，我反省自己觉得有愧疚之意。澄侯、沅甫两弟渐渐老了，我这一生不知道还能不能见到。你们如果能切实讲求孝友二字，也足够弥补我的遗憾了。

附忮求诗二首

善莫大于恕，德莫凶于妒。
妒者妾妇行，琐琐奚比数。
己拙忌人能，己塞忌人遇。
己若无事功，忌人得成务。
己若无党援，忌人得多助。
势位苟相敌，畏逼又相恶。
己无好闻望，忌人文名著。
己无贤子孙，忌人后嗣裕。
争名日夜奔，争利东西骛。
但期一身荣，不惜他人污。
闻灾或欣幸，闻祸或悦豫。

问渠何以然？不自知其故。
尔室神来格，高明鬼所顾。
天道常好还，嫉人还自误。
幽明丛诟忌，乖气相回互。
重者灾汝躬，轻亦减汝祚。
我今告后生，悚然大觉寤。
终身让人道，曾不失寸步。
终身祝人善，曾不损尺布。
消除嫉妒心，普天零甘露。
家家获吉祥，我亦无恐怖。
（右不忮）
知足天地宽，贪得宇宙隘。
岂无过人姿，多欲为患害。
在约每思丰，居困常求泰。
富求千乘车，贵求万钉带。
未得求速偿，既得求勿坏。
芬馨比椒兰，磐固方泰岱。
求荣不知餍，志亢神愈忲。
岁燠有时寒，日明有时晦。
时来多善缘，运去生灾怪。
诸福不可期，百殃纷来会。
片言动招尤，举足便有碍。
戚戚抱殷忧，精爽日凋瘵。
矫首望八荒，乾坤一何大。
安荣无遽欣，患难无遽憝。
君看十人中，八九无倚赖。
人穷多过我，我穷犹可耐。
而况处夷途，奚事生嗟忾？
于世少所求，俯仰有余快。
俟命堪终古，曾不愿乎外。
（右不求）

（同治九年六月初四日）

[评析]

曾国藩疾病缠身，公事棘手，深怕此次天津之行遭遇不测，因此提前写成此遗嘱。遗嘱对后事进行了简单的安排，仍见其俭省与低调。他对儿孙提出四点要求，一去嫉妒之心，二戒奢求之心，三要勤劳节俭，四要孝敬友爱。他一生致力于追求文章、品行、功业的至善至美，此四点当是他的毕生之原则。做人做事能达到此，也算是不枉此生。